TANIA KRÄTSCHMAR

Der *immerblühende* Garten

arsEdition

Ein Garten, der IMMER blüht!

Inhalt

Ein Garten, der immer blüht? Wo soll er liegen?

Ist er mit Koordinaten auffindbar?

Nein. Auch wenn der berühmte Staudengärtner Karl Foerster gefordert hat: »Es wird durchgeblüht!«, gibt es Jahreszeiten, die es dem Gärtner leichter, andere wieder, die es schwerer machen, im Garten Blühendes zu finden. Aber jede Saison hat ihren Reiz, ihren Zauber und vor allem – ihre Farbe. Dabei werden die schönsten Gärten immer die sein, die wir nicht haben können: Man denke an das Bild von Arkadien, dem Ort, wo das Goldene Zeitalter herrscht, wo die Menschen ewig glücklich in einer vollendeten Naturidylle leben. Vom Paradies ganz zu schweigen, denn »Paradies« bedeutet im Altiranischen so viel wie Lust- oder Zaubergarten und wurde in der griechischen Übersetzung der Bibel zur Bezeichnung des »Garten Eden«. Finden wird man ihn im Diesseits nie, aber jeder leidenschaftliche Gärtner wird es versuchen!

Dieses Buch soll bei der Suche nach dem immerblühenden Garten helfen: mit wunderschönen Fotos, vielen Informationen und literarischen Inspirationen rund um einen himmelblauen Frühling, feuerroten Sommer, goldgelben Herbst und blütenweißen Winter und mit vier geheimnisvollen Tütchen mit Sämereien, die ein blühendes Wunder in den Farben der vier Jahreszeiten versprechen.

Viel Spaß beim Säen, Betrachten, TRÄUMEN und Lesen!

Himmelblauer Frühling

Frühling lässt sein blaues Band
wieder flattern durch die Lüfte;
süße, wohlbekannte Düfte
streifen ahnungsvoll das Land.
Veilchen träumen schon,
wollen balde kommen.
Horch, von fern ein leiser Harfenton!
Frühling, ja du bist's!
Dich hab ich vernommen!

EDUARD MÖRIKE

Vergissmeinnicht *Myosotis sylvatica*

Das Vergissmeinnicht ist ursprünglich
eine Waldpflanze und wächst am liebsten
auf feuchtem humusreichem Boden
im Halbschatten.

Blau, die GÖTTLICHE Farbe

Wenn Eis und Schnee geschmolzen sind, die Sonne höher wandert und es endlich wieder wärmer wird, ist der Frühling da! Zur Farbe Blau haben viele Gärtner eine ganz besondere Beziehung. Es liegt auf der Hand: Wir holen uns damit ein Stück Himmel auf die Erde, die wir beackern. Mit dem Frühling bricht ein neues Gartenjahr an und mit dem Frühling kommen auch die blauen Blumen.

Das Erwachen der Natur, die Aussicht auf frisches Grün, auf Blüte und Reife werden seit jeher besungen. Kein Wunder, dass diese Jahreszeit die Dichter beflügelt. Unsterblich ist Mörikes Gedicht, in dem er die Frühlingsstimmung heraufbeschwört und gleich zweimal die Farbe erwähnt, die wir seitdem mit dem Frühling in Verbindung bringen: Blau.

Wir leben auf dem Blauen Planeten. Blau ist die Farbe der Sehnsucht, des Meeres und der Stunde zwischen Dämmerung und Nacht. Blau steht auch für die Ferne, was gleichzeitig erklärt, warum Blau die Farbe der Treue ist: Treu ist, wer auch in der Ferne zu seinem Wort steht und die Zurückgebliebenen nicht vergisst.

In mittelalterlichen Darstellungen trug die Gottesmutter Maria ein blaues Gewand – schließlich ist Blau zuallererst die Farbe des Himmels. Ägyptische Pharaonen schmückten sich bei festlichen Gelegenheiten mit blauen Helmen, um ihre Nähe zum Himmel zu verdeutlichen. In Indien steht die Farbe Blau für höchste Vergeistigung und göttliche Erleuchtung, blauhäutig wird Krishna dargestellt, die Inkarnation des Herrschers über das Universum.

Der Triumphzug der Farbe Blau zieht sich quer durch die Geschichte der bildenden Kunst bis in die klassische Moderne und die Gegenwart – der »Blaue Reiter« von Franz Marc, die blaumonochromen Bilder von Yves Klein, das »Blaue Fenster« von Matisse.

WIE PFLANZEN *Blau* MACHEN

Krönungsmäntel waren bevorzugt in Königsblau gehalten, und Grünblau soll *die* Kleiderfarbe des Mittelalters gewesen sein, so wird kolportiert. Das ging nur mithilfe einer Pflanze.

Leinen-, Seiden-, Woll- oder Flachsstoffe wurden in ein Bad aus Färberwaid getaucht. Bereits im 9. Jahrhundert wurde Färberwaid in Deutschland angebaut. Die unscheinbare Pflanze, ein zweijähriges Kreuzblütengewächs, blüht jedoch keineswegs blau, sondern gelb. Ihr für die Färbung wichtigster Bestandteil ist das zunächst farblose Glykosid *Indican*. Erst wenn es während des Trockenprozesses oxidiert, erhält es seine typische blaue Tönung. Wollte man blaue Stoffe, ging kein Weg am heimischen Färberwaid vorbei – bis es durch die Einfuhr von echtem Indigo aus Indien zurückgedrängt wurde. Denn echtes Indigo besitzt die 30-fache Färbekraft von Färberwaid. Import-Probleme, die alles andere als neu sind: Der Niedergang des deutschen Färberwaids geht ins 17. Jahrhundert zurück. Ausgerechnet Napoleon setzte sich dann für den europäischen Markterhalt ein: Er verfügte eine Kontinentalsperre für den ausländischen »Indig«, wie es damals genannt wurde. So wurde Napoleons Waterloo auch das des Färberwaids. Aber auch die Tage des farbintensiven indischen Indigos waren gezählt, als 1897 das erste chemisch erzeugte Indigo auf den Markt kam.

Die *blaue* BLUME

In der Romantik galt die blaue Blume als das Symbol der Sehnsucht schlechthin, für immer von Novalis in »Heinrich von Ofterdingen« festgehalten.

»Was ihn aber mit voller Macht anzog, war eine hohe lichtblaue Blume. Er sah nichts als die blaue Blume und betrachtete sie lange mit unnennbarer Zärtlichkeit. Endlich wollte er sich ihr nähern, als sie auf einmal sich zu bewegen und zu verändern anfing …«

Auch sein nicht minder romantischer Kollege Joseph von Eichendorff hat die blaue Blume in einem Gedicht verewigt:

Ich suche die blaue Blume,
ich suche und finde sie nie,
mir träumt, dass in der Blume
mein gutes Glück mir blüh.
Ich wandre mit meiner Harfe
durch Länder, Städt und Aun,
ob nirgends in der Runde
die blaue Blume zu schaun.
Ich wandre schon seit lange,
hab lang gehofft, vertraut,
doch ach, noch nirgends hab ich
die blaue Blum geschaut.

Der Garten erwacht

Sonnenschein auf grünem Rasen, Krokus drinnen blau und blass;
und zwei Mädchenhände tauchen Blumen pflückend in das Gras …

THEODOR STORM

Kein Frühling ohne **Krokusse!** Blau, lila, gelb und weiß leuchten sie aus Beeten und Grünflächen hervor, eingeleitet durch die filigranen Elfenkrokusse in zartem Lila. Man erkennt den Krokus sofort an dem frühen Zeitpunkt seines Erscheinens, dem stängellosen Blütenstand und seiner charakteristischen Form. Ist es allerdings Herbst und man entdeckt eine lilafarbene Blüte, muss man genau hinschauen: Es kann eine giftige Herbstzeitlose *Colchicum autumnale* sein – oder aber ein echter Safrankrokus *Crocus sativus*. Beide Arten ähneln sich sehr, aber nur der Safrankrokus hat die tieforangen Staubfäden und ist zur Blütezeit belaubt. Rotes Gold nennt man die Fäden, deren exotischer Duft an sinnliche Nächte aus »Tausendundeiner Nacht« erinnern … Der Safrankrokus kann auf eine 3000 Jahre alte Färber- und Küchengeschichte zurückblicken. Doch die Ernte ist damals wie heute denkbar mühsam: Von ca. 130 000 Blüten muss der weibliche Blütenteil per Hand gesammelt werden, um ein Kilo Safran zu ernten. Ein Kilo kostet bis zu 5000 Euro, was Safran zum teuersten Gewürz der Welt macht!

Und nach und nach erwacht der Garten. Die Stauden sprießen, Bäume und Sträucher treiben aus. Der Gärtner legt sein Handwerkszeug zurecht. Plötzlich sind sie nun da, all die blauen Blumen – da hat Mörike ganz recht.

Tipp: Gartenwerkzeuge wie Spaten, Schaufel, Harke nach Gebrauch in eine Kiste mit einem Gemisch aus Sand und altem Motoröl stellen! So bleiben sie sauber und jederzeit einsatzbereit.

VERGISS*mein*NICHT

Die blaue Blume par excellence ist das **Vergissmeinnicht** *Myosotis*. Die kleine Frühlingsblume gehört zur Familie der Raublattgewächse *Boraginaceae*. Ihr griechischer Name bedeutet »Mäuseohr« nach seiner lanzettartigen, zart behaarten Form. Unser Garten-Vergissmeinnicht *Myosotis sylvatica* mit den relativ großen Blüten ist eine Züchtung, die aus dem Wald-Vergissmeinnicht entstanden ist. Das Garten-Vergissmeinnicht ist zweijährig: Im ersten Jahr wächst es, im zweiten blüht es, am schönsten im Wonnemonat Mai. Bevor es sich verabschiedet, sät es sich jedoch bereitwillig an allen möglichen und unmöglichen Stellen aus. Das Garten-Vergissmeinnicht liebt Halbschatten, feuchte und frische Böden. Wer es gern beständiger und kontrollierter in seinem Garten hat, für den sind Gedenkemein und Kaukasus-Vergissmeinnicht das Richtige. Zuverlässig und anspruchslos bescheren diese Stauden dem Gärtner jedes Jahr am selben Ort ein kleines blaues Wunder.

Üppig und problemlos wie es blüht, bietet sich das Garten-Vergissmeinnicht als Unter-pflanzung an. Dunklere Ecken im Garten lässt es himmelblau schimmern. Sehr schön sieht es aus, wenn sich spät blühende rosa Tulpen über den blauen Wolkenteppich erheben, so gesehen in Monets Garten in Giverny. Kein Wunder, dass das impressionistische Blütenmeer seines Gartens den Maler immer wieder von Neuem zu Gemälden inspirierte!

Das Vergissmeinnicht steht in der Sprache der Blumen für Liebe, für zärtliche Erinnerung und die Hoffnung auf ein Wiedersehen, und zwar international. Sein Name bedeutet in Deutsch, Englisch, Französisch, Spanisch, Italienisch, Polnisch und sogar auf Chinesisch immer dasselbe: Vergiss mich nicht.

Es gibt etliche Volkssagen und Märchen, wie das Vergissmeinnicht zu seinem Namen kam. Aber die kleine blaue Blume mit dem gelben Herzen hat auch eine politische Seite: In der Zeit des Nationalsozialismus galt eine Vergissmeinnicht-Ansteck-nadel als das Geheimzeichen von verbotenen freimaurerischen Verbindungen. Noch heute wird es von Freimaurern als Erinnerung und Erkennungszeichen im Emblem getragen.

Die Stimme, ach Süßer,

die hab ich nicht.

Doch trag ich den Namen Vergissmeinnicht,

der, wenn ich auch schweige,

dem Herzen spricht.

KAROLINE VON GÜNDERODE

Kulinarischer Tipp:
Die Blüten des Vergissmeinnichts sind essbar und sollten auf keinem Frühlingssalat fehlen!

Schön zu Vergissmeinnicht:

Weiß und lila blühender Flieder *Syringa*

Maiglöckchen *Convallaria majalis*

Weiße Tulpen *Tulipa*

Lila blühendes Silberblatt *Lunaria*

Weißer, violetter und blauer Lerchensporn *Corydalis*

 LERCHE

Zwischen Gräben und grauen Hecken, den Rockkragen hoch,
beide Hände in den Taschen, schlendere ich durch den frühen Märzmorgen.
Falbes Gras, blinkende Lachen und schwarzes Brachland,
so weit ich sehen kann.
Dazwischen, mitten in den weißen Horizont hinein,
wie erstarrt, eine Weidenreihe.
Ich bleibe stehen.
Nirgends ein Laut. Noch nirgends Leben. Nur die Luft und die Landschaft.
Und sonnenlos wie den Himmel fühle ich mein Herz.
Plötzlich – ein Klang!
Ein zager, zarter zitternder Jubel, der, langsam, immer höher steigt!
Ich suche in den Wolken.
Über mir, wirbelnd, schwindend, flatterdrehig, flügelselig,
kaum entdeckbar, pünktchenschwarz, schmetternd, durch immer
heller strömendes Licht, die erste Lerche!

ARNO HOLZ

Der **Blaue Lerchensporn** *Corydalis flexuosa* ist ein Erdrauchgewächs; *Fumarioideae* – was für ein poetischer Name! Schon beim Lesen sieht man förmlich eine Rauchsäule, die aus geheimen Wurzeltiefen sanft in die Höhe steigt. Verschiedene Quellen gibt es, von denen sich der Name ableiten soll: Der beißende Saft »schärft das Gesicht und reizt zu Tränen«, wie es auch Rauch, lat. *fumus*, tun würde, so schrieb der griechische Arzt Pedanios Dioskurides im 1. Jahrhundert nach Christus. Vielleicht stimmt aber auch, dass der Name von der rauchigen Blattfärbung stammt. Im Mittelalter glaubte man, dass der Erdrauch angeblich Dämpfen entsprungen sei, und nutzte ihn zu exorzistischen Riten. Außerdem galt er als Zauberpflanze, mit deren Hilfe man sich unsichtbar machen konnte. Während der rosa und weiß blühende Lerchensporn in unseren Wäldern beheimatet ist, stammt der stahlblaue *Corydalis flexuosa* aus China. Seit er um 1980 nach Deutschland eingeführt wurde, hat seine Beliebtheit unter Gartenbesitzern sprunghaft zugenommen. Kein Wunder, bei der intensiven Blütenfarbe!

Die im späten Frühling blühende Staude verträgt Halbschatten bis Schatten und mag frischen, feuchten Boden. Im Sommer zieht der Lerchensporn die Fiederblättchen zur Ruhezeit ein, um im Herbst wieder auszutreiben. Was er nicht mag, ist Trockenheit – aber noch viel weniger kommt er mit Staunässe zurecht. Der Blaue Lerchensporn ist winterhart, aber zugleich für etwas Winterschutz dankbar.

Ein bisschen Fingerspitzengefühl ist also hilfreich, wenn man diese aparte kleine Diva länger als eine Saison im Garten haben möchte.

Passt wunderbar zu
Blauem Lerchensporn:
Panaschierte oder glattgrüne
Funkien Hosta
Weißes oder rosa Tränendes
Herz Lamprocapnos spectabilis
Rosa oder blaue Hyazinthen
Hyacinthus

Frühlingstipp für ein neues Beet:
Schön und ungewöhnlich sieht es aus, wenn man ein Beet in Blumenform anordnet. Das Herz wird mit Steinen gepflastert, die Blütenblätter ringsherum sind die Beete, die Adern der Blätter sind als schmale Wege ideal zum Wässern und Unkrautjäten.

Das Thema **Hyazinthe** ist, um mit Theodor Fontane zu sprechen, ein weites Feld. Es gibt mehr als die reich duftenden, mit dichten Blüten bepackten Gartenhyazinthen, die als Topfpflanze ab Weihnachten in jedem Blumenladen den Frühling einläuten. So blüht in sattem Blau zum Beispiel die **Waldhyazinthe** *Hyacinthoides non-scripta,* auch **Atlantisches Hasenglöckchen** genannt. Und jenes ist nicht zu unterschätzen: Seit 1981 macht man sich in England immerhin strafbar, wenn man das aparte Frühlingsgewächs ausgräbt oder sonstwie aus der Erde entfernt. Die »Bluebells«, wie sie im Englischen heißen, sind geschützt, und das ist auch gut so: Wer schon mal ausgedehnte Flächen des Blaublühers gesehen hat, versteht sofort, dass jede Dezimierung ein Verbrechen wäre! Den Namen *non-scripta,* also *nicht beschrieben,* hat das Hasenglöckchen bekommen, um es von der klassischen Hyazinthe abzugrenzen. Durch seine Neigung zum Verwildern ist es wunderbar geeignet für den landschaftsnahen Garten, vorausgesetzt, dieser liegt in gemäßigten Breiten. Es braucht dann nicht nur horizontalen, sondern auch etwas vertikalen Raum, denn es wird bis zu 50 cm hoch. Von »Bluebell Woods« spricht man in England – und meint einen Wald, unter dessen grünem Blätterdach sich ein lavendelfarbenes Meer erstreckt.

Auch in Deutschland gibt es einen Wald der blauen Blumen: Wer sich irgendwann von Mitte April bis Mitte Mai zwischen Doveren und Baal in der Region Niederrhein befindet, sollte nach Hasenglöckchen Ausschau halten – ein Geheimtipp!

Die **Traubenhyazinthe** *Muscari* ist ein Gartenflüchtling. Was immer noch schöner klingt als dieselbe Eigenschaft im Tierreich: Dort spricht man von einem Gefangenschaftsflüchtling. Was bedeutet, dass Pflanze oder Tier aus Garten oder Käfig in die Freiheit entkommen ist, sich dort eventuell unkontrolliert vermehrt und der heimischen Flora oder Fauna gefährlich werden könnte.

Im Fall der Traubenhyazinthe ist der Verdacht dieses Strafbestands unbegründet. In Deutschland kommt sie in Freiheit so selten vor, dass sie auf der Roten Liste gefährdeter Arten steht. Obwohl ihr eine gewisse sinnesfreudige Neigung nicht abgesprochen werden kann: Sie wächst besonders gern in Weinbergen.

Die Traubenhyazinthe ist ein Neophyt, von griechisch: *neu* und *Pflanze.* Als Neophyten bezeichnet man alle Pflanzen, die durch Menschen von ihrem ursprünglichen Vorkommen entfernt und in anderen Regionen angesiedelt wurden. Stichdatum ist hierfür 1492, das Jahr, in dem Christoph Kolumbus Amerika entdeckte.

Die Hyazinthe wie auch die Tulpe und die Narzisse wurden in der sogenannten orientalischen Phase zwischen 1560 und 1620 aus der Türkei und dem Nahen Osten nach Mitteleuropa eingeführt. Aber so weit muss der Gärtner zum Glück nicht mehr fahren: Im Frühling hat jedes Gartencenter, jede Gärtnerei die Traubenhyazinthe vorrätig, falls man im Herbst vergessen hat, ihre Zwiebeln zu setzen. Der Frühlingsblüher sieht besonders hübsch zu ersten Osterglocken aus. Gemäß ihrer orientalischen Historie zieht sie sonnige, warme Stellen vor und mag leichte, durchlässige Böden.

Um der Frühlingszeit Verscheiden,
unter Blumen mancherlei,
auf den Weiden blühst du schön
und frank und frei, Akelei!

HERMANN VON LINGG

Vor Nektardieben wird gewarnt! Darunter versteht man im Fall der **Akelei** *Aquilegia vulgaris*, auch »Wald-Akelei«, jene kurzrüsseligen Insekten, die einen Trick anwenden. Statt wie ihre Artgenossen, die mit längeren Rüsseln ausgerüstet sind und damit auf der Suche nach Nektar in die Tiefen der Akelei vordringen, beißen sie von außen kurzerhand in den Sporn und bedienen sich als Quereinsteiger. Bienen, ebenfalls von Natur aus kurzrüsselig veranlagt, nutzen dann gern das bereits vorhandene Loch, um den Rest Nektar abzugreifen. Manchmal führt eben der kürzeste Weg zum Erfolg, auch wenn die Akelei das Nachsehen hat. Direkt geschadet hat es ihrer Verbreitung jedoch nicht: Jeden Dezimierungsversuch von Seiten der Insekten kontert sie mit Aussaat im Überfluss.

Schon Hildegard von Bingen (1098 – 1179) erwähnt die Akelei als Heilpflanze, und von der Symbolkunst des Mittelalters ist sie nicht wegzudenken. »Gotische Pflanze« wird sie genannt. Wenn auch ihre Deutung nicht einheitlich ist: Ihr italienischer Name *Amor nascosto* bedeutet »Geheime Liebe«. Als Verführerin galt sie manchen, als Heilmittel wurde sie gegen verlorene Potenz eingesetzt – weshalb sie in manchen Gegenden auch »Venuswasgen« heißt. Nach der Mythologie des Mittelalters soll sie im Frühling von Löwen gefressen worden sein, weil diese damit ihre Kraft stärken – gut möglich, denn ihr Vorkommen erstreckt sich vom Himalaja bis nach Nordwestafrika, wo es heute noch Löwen in freier Wildbahn gibt. Dann aber wieder erscheint die Akelei in religiösem Zusammenhang: Ihre gesenkten Blüten sollen an Marias Demut erinnern, die Aufteilung von Blatt und Blütenteilen lässt sich immer durch drei teilen, weshalb sie zum geometrischen Symbol göttlicher Dreifaltigkeit wurde.

Heute gilt der Bestand der Wald-Akelei als gefährdet. 1985 wurde sie zur Blume des Jahres gekürt, um auf sie aufmerksam zu machen. Entdeckt man bei einem Frühlingsspaziergang ein Exemplar, gilt: stehen lassen! Das fällt nicht schwer, denn in jedem Gartencenter findet man Sämereien, aus denen sich leicht Garten-Akeleien ziehen lassen. Die Blütezeit der Akelei im späten Frühjahr ist eher kurz, was sie ausgleicht, in dem sie ihre kleinen glänzendschwarzen Samen bereitwillig in alle Winde aussät und leicht keimt. Man nennt sie nicht umsonst einen Gartenstreuner.

Schön zur Akelei:
Das helle Grün von Farnen
Windröschen *Anemone*
Gedenkemein *Omphalodes*

Pflanztipp: Auch wenn es verführerisch ist, alle Blaublüher zu sammeln – ein Beet wirkt wesentlich eleganter, wenn man sich bei den Staudensorten auf eine übersichtliche Anzahl beschränkt und diese lieber als sich wiederholende Gruppen pflanzt. Zu viele Stauden verschiedener Sorten lassen ein Beet unruhig wirken und lenken von Strukturen und Farben der einzelnen Gruppe ab.

GALGENBRUDERS *Frühlingslied*

Es lenzt auch auf unserm Spahn,
o selige Epoche!
Ein Hälmlein will zum Lichte nahn
aus einem Astwurmloche.

Es schaukelt bald im Winde hin
und schaukelt bald drin her.
Mir ist beinah, ich wäre wer,
der ich doch nicht mehr bin.

CHRISTIAN MORGENSTERN

EIN HIMMEL*straum*

Wer sein Frühlingsblau nicht nur am Boden genießen will, sondern etwa ab Mitte der Jahreszeit durch ein wunderbar duftendes Dach aus Blattgefieder und Blütendolden in den Himmel blicken möchte, dem sei Blauregen empfohlen.

Die *Wisteria* will hoch hinaus, und zwar mit aller Macht: Ans Haus gepflanzt, kann sie Regenrinnen erdrosseln, Dachziegel verschieben und alles, was nicht niet- und nagelfest ist, aus der Verankerung lösen. Auf der anderen Seite spricht gerade die Wüchsigkeit der *Wisteria sinensis* oder *japonica*, also aus China oder Japan stammend, für diese Pflanze: Im Nu umrankt sie Pergolen, erreicht Baumspitzen und verschönt Mauern. Ab Anfang Mai erscheinen dann an den erwachsenen Pflanzen üppige Kaskaden blauer Blüten. Erst danach treiben die Blätter aus.

Der größte Blauregen der Welt findet sich in der Sierra Madre in Kalifornien: Die Pflanze nimmt über einen halben Hektar Platz ein und wiegt ca. 250 Tonnen!

Die *Wisteria* ist übrigens nach Caspar Wistar (1761–1818) benannt. Wistar stammte aus einer Quäkerfamilie in Philadelphia, wohin er nach Reisen durch Europa auch wieder zog. Er gründete die Gesellschaft zur Verbreitung der Impfung und schrieb als Professor der Medizin das erste Lehrbuch der Anatomie.

Pflanztipp: Wunderschöne Pflanzplätze für Blauregen sind alte Backsteingemäuer, malerische Mauern oder bemooste Dächer.

EIN *Balkon* VOLLER FRÜHLINGSBLUMEN

Doch nicht jeder hat ein romantisches Gemäuer zur Verfügung, an dem er etwa eine später tonnenschwere *Wisteria* anbringen kann. Auch egal, denn im kleinen Rahmen schlägt der Frühling genauso seine Wurzeln, und der Balkongärtner erwartet ungeduldig die Zeit, wenn es endlich wieder losgeht. Allerdings sollte die Startbepflanzung für das Jahr nicht vor den Eisheiligen stattfinden. Frostempfindlich, wie viele Pflanzen sind, droht die Gefahr, dass sie dem Eishauch der Kalten Sophie zum Opfer fallen. Aber ein Frühling ganz ohne Blumen auf dem Balkon? Unmöglich! Und wenn es nur ein Korb voller Frühjahrsblüher ist ...

Wunderschön sieht aus: Vergissmeinnicht, Hyazinthen, Hornveilchen, Traubenhyazinthen, Stiefmütterchen oder die gefüllte Primel 'Blue Sapphire' zusammen in einen großen Topf oder in den Balkonkasten pflanzen: So erlebt der Balkongärtner jeden Tag den Himmel auf Erden.

Gelbblühendes wie kleine Narzissen, gelbe Primeln, gelbe Stiefmütterchen oder gelb-orangefarbener Goldlack lassen als Komplementärfarbe die blauen Vergissmeinnicht und Traubenhyazinthen besonders leuchten.

Setzt man dagegen Weißblühendes zwischen das Blau, vermittelt die Bepflanzung den sanften Hauch einer frischen Meeresbrise. Besonders hübsch sieht das in blauen Körben aus: Balkonien – ahoi!

Die große Helene Weigel, Schauspielerin und Intendantin des Berliner Ensembles, soll übrigens gesagt haben: »Stiefmütterchen erinnern mich immer an Karl Marx.« Und wenn man die Zeichnung der Blütenblätter genau betrachtet, versteht man sofort, wie sie darauf kam!

Pflanztipp: Wem das Ein- und Auspflanzen in Kästen oder Töpfe zu mühselig ist: Einfache Spanholzkistchen sammeln, diese mit Folie ausschlagen und üppig mit preiswerten Stiefmütterchen *Viola x wittrockiana* bepflanzen. Die Kisten lassen sich jederzeit bequem dorthin rücken, wo man etwas Farbe braucht: an den Eingang, vor die Balkontür, aufs Fensterbrett. Nach der Hauptblütezeit reicht ein Gang zur Biotonne, zum Müllcontainer, und die Hände bleiben ausnahmsweise sauber.

Mit den süßen **Veilchen** holt man sich einen früh blühenden Duftklassiker ins Haus. Die Gattung ist mit 500 verschiedenen Arten riesig. Merken sollte man sich auf jeden Fall die Sorte *Viola odorata*, das duftende Märzveilchen, eine kleine, feine Delikatesse: Es ist essbar, und speziell die Blätter mit ihrem hohen Vitamin-C-Anteil sind eine echte Geheimwaffe gegen Frühlingserkältungen! Schon immer wurden die Blüten gern kandiert. Mit ihrem romantisch-altmodischen Flair bieten sie sich zum Verzieren von Süßspeisen an oder einfach zum Naschen.

Wellness-Rezept: Wer fleißig gesammelt hat, kann sich die blaue Stunde mit einem hellblauen Tee verzaubern. Eine Handvoll frischer Veilchenblüten mit kochendem Wasser überbrühen, ziehen lassen, abseihen und nach Geschmack süßen. Als milde Medizin wirkt der Veilchentee auch gegen Husten. Falls die Vitamin-C-Blätter des Veilchens eine Frühjahrserkältung doch nicht verhindern konnten!

WIE IM *Himmel*

Und wem der Frühling in Blau nun nicht reicht,
kann nach dem letzten Frost mit der blauen Sommerbepflanzung
weitermachen.

Geeignet sind:
Männertreu *Lobelia erinus*
Bornholmer Margerite *Osteospermum* spec.
Blaues Gänseblümchen *Brachyscome iberidifolia*
Vanilleblume *Heliotropium arborescens*
Petunie, z. B. *'Sweet Surprise Blue Sky'*
Clownsgesicht *Torenia*
Prunkwinde *Ipomoea*

Hübsch, frisch und lecker sieht der Balkon auch aus, wenn
Blaublühendes mit Gewürzkräutern kombiniert wird, und der Weg in
die Küche ist ja nicht weit!

Das passt:
Salbei *Salvia*
Schnittlauch *Allium schoenoprasum*
Thymian *Thymus*
Rosmarin *Rosmarinus officinalis*
Basilikum *Ocimum basilicum*

BLAUER *Schatz* DER GÄRTEN

»Blauer Schatz der Gärten – Freundschaft mit dem blauen Flor vom Vorfrühling bis zum Herbst« lautet der Titel des Buches des berühmten Staudengärtners Karl Foerster (1874–1970). Die Staudenanlage auf der Potsdamer Freundschaftsinsel hat er geplant, und sein berühmter Senkgarten ist noch immer im Foerster-Haus in Potsdam-Bornstedt zu besichtigen.

Und wie der Titel schon sagt – das blaue Band des Frühlings flattert weit ins Jahr hinein. Wer frei nach Foerster einen Staudengarten anlegen möchte, in dem es bis in den Herbst hinein in allen Blautönen blüht, kann aus dem Vollen schöpfen:

Scheinmohn *Meconopsis*
Ballonblume *Platycodon*
Flockenblume *Centaurea*
Glockenblume *Campanula*
Dreimasterblume *Tradescantia*
Eisenhut *Aconitum*
Lavendel *Lavandula* ’Hidcote Blue‘
Steinsame *Lithodora*
Storchschnabel *Geranium*
Katzenminze *Nepeta*
Jakobsleiter *Polemonium*
Ehrenpreis *Veronica*
Waldrebe *Clematis* ’Arabella‘
Bartblume *Caryopteris*
Blaue Herbstaster *Aster novi-belgii*
Blauer Eibisch *Hibiscus*

KARL FOERSTERS Lieblingsblume ist übrigens der blaue **Rittersporn** *Delphinium,* ohne den der Sommer in seinem Werk gar nicht erst eingeläutet wird. Seine Blüte soll einem Delfin ähneln, daher sein griechischer Name. Der Rittersporn ist sehr winterhart und treibt früh aus. Dafür hat er einen guten Grund: Ursprünglich in Steppen behei- matet, muss er auch kältestes Kontinen- talklima ertragen und jeden warmen Tag nutzen.

Weltweit gibt es rund 350 Arten in einem breiten Farbspektrum, vom Weiß der Sorte 'Galahad' bis zum Dunkellila von 'Waldenburg'.

PFLANZEN*poesie:*

Der **Rittersporn** besticht nicht nur durch seine verschiedenen Blautöne, sondern auch durch seine vielen bilderreichen Namen:

Abgesang
Finsteraarhorn
Berghimmel
Perlmutterbaum
Augenweide
Dämmerung
Firnglanz
Gletscherwasser
Ballkleid

Feuerroter Sommer

Sommer ist die Zeit,
in der es zu heiß ist,
um das zu tun,
wozu es im Winter
zu kalt war.

MARK TWAIN

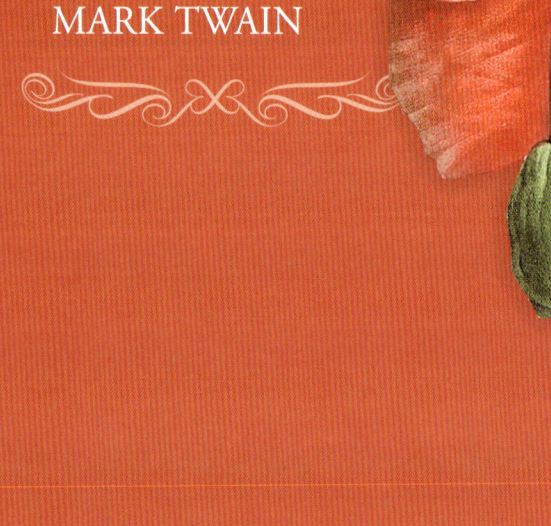

Klatschmohn *Papaver rhoeas*

Der Klatschmohn ist in
der Regel ein- oder zweijährig und
braucht ein sonniges Plätzchen, da
die Samen nur mit ausreichender
Sonneneinstrahlung auskeimen.

Es ist ein herrlicher Sommertag im Juni, man fährt durch die Lande. Plötzlich stutzt man: Das Feld dahinten ist nicht grün, sondern rot! Blutrot, feuerrot – mohnrot … von »Scharlachfluten« spricht ein Dichter.

Zwischen dem Getreide hat sich **Klatschmohn** *Papaver rhoeas* ausgesät. Mit seinen seidigen Blütenblättern auf zarten Stängeln sieht er zusammen mit den leuchtend blauen Sternen der Kornblumen und den gelb-weißen Blüten der wilden Kamille wie der personifizierte Sommer aus. Der Klatschmohn ist ein Lichtkeimer, der offene Flächen und Licht zum Austreiben benötigt. Dafür sorgt das jährliche Pflügen der Felder. Wird das Getreide allerdings gegen Unkraut gespritzt, bleiben dem Mohn nur noch der Rand des Feldes, Brachen oder neu angelegte Straßenböschungen.

Tipp: Klatschmohn hält bedeutend besser, wenn er gepflückt wird, bevor sich die Blüte geöffnet hat! Am geeignetsten für die Vase ist der robuste Islandmohn.

Der Klatschmohn, Seidenmohn oder Feuermohn, wie er auch genannt wird, ist, ebenso wie das Schneeglöckchen, eine Zeigerpflanze der Phänologie, die sich mit den im Jahresablauf periodisch wiederkehrenden Entwicklungserscheinungen in der Natur beschäftigt: Seine Blüte läutet den Frühsommer ein.

Geschichtliches: Die Hände erhoben, ein abwesendes Lächeln auf den Lippen und auf dem Kopf drei Stängel mit Mohnkapseln: So sieht die kleine Statue aus, die aus der minoischen Zeit um 1400 v. Chr. stammt, auf Kreta gefunden wurde und »Mohngöttin« genannt wird. Dass die Mohnkapseln eingeritzt sind, weist darauf hin, dass man schon damals den Milchsaft auf dieselbe Art und Weise wie heute gewann.

GEFÄHRLICH *schön*

Die Rosa- und Violetttöne seiner großen Blütenkelche im blaugrünen Laub machen den **Schlafmohn** *Papaver somniferum* zu einer Augenweide. Die reifen Samen seiner Kapseln werden für leckere Speisen genutzt, zum Backen zum Beispiel, dienen der Ölgewinnung und für Kosmetika. Aber der einjährige Schlafmohn hat auch eine zweite Seite, und die ist dunkel: mysteriös, einschläfernd, süchtig machend. »Pflanze der Freude« nannten ihn schon die Sumerer, sein lateinischer Name, von *somnus* (Schlaf) und *ferre* (bringen), bezieht sich auf diese Eigenschaft: Aus dem weißen Milchsaft seiner Samenkapseln wird Rohopium hergestellt. Als Opium sorgt es für dunkle Träume und Rauschzustände, als Morphium verschafft es Leidenden eine Schmerzpause, als Grundlage für Heroin ist es verderbenbringend.

Der Nutzen des Mohns als Heil-, Schlaf- und Rauschpflanze war bereits in der Jungsteinzeit vor 6000 Jahren bekannt. Auf Kunstgegenständen der Antike symbolisiert die Mohnkapsel in den Händen der Gottheiten Hera, Demeter und Aphrodite Fülle, Wohlstand und Fruchtbarkeit. Abgebildet mit heilbringenden Göttern, steht seine medizinische Wirkung im Vordergrund. Gezeigt mit Morpheus, dem Gott des Schlafes, oder den Göttern des Hades, der Unterwelt, verweist er auf tiefen Schlaf – und eben den Tod. Bei Plinius beschrieben und bei Hesiod und Homer besungen, ist der Schlafmohn somit eine der ältesten Kulturpflanzen überhaupt. In der Antike häufig genutzt, erlebte die medizinische Verwendung des Mohns mit dem Niedergang Roms und dem Aufstieg der christlichen Religion einen vorläufigen Rücklauf: Schmerzen sollten ertragen und nicht betäubt werden. Aber der Nutzen von Mohn war so augenfällig, dass er ab dem 11. Jahrhundert wieder auf dem Vormarsch war. Der Arzt Paracelsus kam schließlich als Erster auf die Idee, Opium in Wein zu lösen und dieses Mittel gegen Schlaflosigkeit, Unruhe, Fieber, als Hustenmittel und bei Augenerkrankungen zu verschreiben. Die Erfolgsgeschichte des Laudanum begann. Besonders in Künstlerkreisen wurde es gern genutzt, um die Kreativität zu steigern. E.T.A Hoffmann, Edgar Allan Poe, Samuel Taylor Coleridge – sie alle konsumierten die Opiumtinktur und ignorierten dabei die gefährliche Nebenwirkung. Man sprach von »Opiumgewohnheit«, von »Chronischer Opiumvergiftung« und meinte stets das Gleiche: gefährliche Abhängigkeit. Der Berliner Chefarzt Eduard Levinstein (1831 – 1882) nannte Jahrhunderte später als Erster das Kind beim Namen, als er über die »Sucht« schrieb.

DER GARTENMOHN *PAPAVER ORIENTALE*

Vermutlich verträgt es der Mohn nicht, wenn er umgepflanzt wird, vielleicht hat er auch nach seiner Verpflanzung nicht genügend Wasser bekommen: Trotzdem werden morgen in die Rabatte für das nächste Jahr Mohnblumen gesät: denn Mohn will ich haben, ob's ihm nun passt oder nicht …

ELIZABETH VON ARNIM

Mohn ist nicht gleich Mohn. Was die Schriftstellerin Elizabeth von Arnim (1866 – 1941) unbedingt in ihrem Garten haben wollte, ist der **Stauden-, Garten- oder Türkenmohn** *Papaver orientale*. Mit seinen leuchtend roten, lachsroten oder auch rosafarbenen Blüten ist er, einfarbig oder schwarz gezeichnet, eine spektakuläre Solitärstaude des Sommers. Sein Wirkstoff – in seinen reifen Samenkörnern findet sich Thebain, das mit Codein und Morphium chemisch nah verwandt ist – ist in deutlich geringerer Konzentration als bei dem einjährigen Schlafmohn *Papaver somniferum* vorhanden. Trotzdem wurde es 1982 in Deutschland verboten, Gartenmohn zu pflanzen. Zwei Jahre später wurde das Gesetz allerdings wieder aufgehoben. Dem Staudenmohn war das egal: Ungerührt und bezaubernd schön wuchs er mit und ohne Erlaubnis weiter in den Gärten. Die Blütezeit des Gartenmohns liegt, genau wie die des Klatschmohns, im Frühsommer. Danach bleiben zwar die dekorativen Kapseln auf trockenen Stängeln, die sich auch in Trockengestecken gut machen, aber das Blattwerk wird welk. Deshalb sollte *Papaver orientale* im Beet immer so gepflanzt werden, dass er nach dem Abblühen von anderen Pflanzen überdeckt wird.

Der Staudenmohn *Papaver orientale* **wurzelt tief, weshalb man sich gut überlegen sollte, wo man ihn als junges Pflänzchen hinsetzt. Will man ihn umpflanzen, wird die Wurzel leicht verletzt, der Mohn schwächelt oder geht gar ein.**

Das kaltblütigste Mitglied der Mohn-Familie ist der **Islandmohn** *Papaver nudicaule*. Ursprünglich stammt er, wie der Name bereits verrät, aus nördlichen Bereichen: in Sibirien und Kasachstan, in der Mongolei und in Kanada und Alaska kann man ihn, bis 2500 m hoch, auf Geröll und Bergwiesen finden. Sein Farbspektrum reicht von Weiß und Gelb über Orange bis hin zu einem hellen Rot. Inzwischen gibt es den Islandmohn auch als ausdauernde Staude für mitteleuropäische Gärten. Als Nordlicht zieht er, anders als seine sonnenhungrigen Verwandten, teilschattige Lagen vor. Im Gegensatz zu ihnen sind sogar seine Blätter essbar: Sie sind Vitamin-C-haltig und wurden früher gegen Skorbut angewendet.

Goldmohn oder Schlafmützchen wird der **Kalifornische Mohn** *Eschscholzia californica* genannt: Seine noch nicht geöffnete Blütenknospe ähnelt einer länglichen kleinen Bettmütze. Er ist ein Überlebenskünstler und kann mithilfe seiner fleischigen Pfahlwurzel jahrelang in trockenen Gebieten überstehen. Ursprünglich ist er in den Präriesteppen Kaliforniens beheimatet. Doch dann kam und ging Mitte des 19. Jahrhunderts der Goldrausch und half dem Goldmohn bei seiner weltweiten Verbreitung: Als die Goldfunde zurückgingen, verließen Schiffe mit Goldgräbern, die in anderen Ländern ihr Glück versuchen wollten, die kalifornischen Häfen. An Bord war Sand als Ballast, und in diesem befand sich, als blinder Passagier, das Saatgut des Kalifornischen Mohns. Fand er im neuen Land gute Bedingungen vor, begann er sich zu verbreiten. 1903 wurde dieser Mohn zur kalifornischen Staatsblume erklärt: Seine Blüte lässt riesige Flächen im Golden State golden leuchten.

ROT *glüht.* ROT *leuchtet.* Rot hat Signalwirkung. Kinder lieben Rot. Rot wird mit Kraft und Liebe verbunden, aber auch mit Blut, Kampf und Aggressionen. In vielen Christus-Abbildungen trägt Jesus einen roten Mantel. Germanische Krieger färbten Äxte und Schwerter rot, Rot galt als eine magische Farbe, ist die Farbe der Hexen, der Beschwörungen.

Sprechen wir von Rot, meinen wir: blassrot, blaurot, bordeauxrot, brandrot, braunrot, brombeer, burgunderrot, rubinrot, ferrarirot, feuerrot, flamingorot, fuchsrot, granat, hochrot, hummerrot, johannisbeerrot, kadmiumrot, kalypsorot, kardinalrot, kirschrot, knallrot, korallenrot, krebsrot, kupferrot, lachsrot, leuchtend rot, mahagonirot, mattrot, orangerot, paprikarot, pfirsichrot, portweinrot, preiselbeer, purpurn, rosenrot, rubinrot, scharlachrot, signalrot, terrakotta, tiefrot, tizianrot, tomatenrot, türkisch rot, violett, weinrot, ziegelrot, zinnoberrot und zyklamrot. Um nur einige Rottöne zu nennen.

GARTENFARBE *Rot*

Rot ist eine Farbe, an der man unmöglich vorbeisehen kann. Aber gerade weil Rot eine Farbe optischer Dominanz ist, müssen rote Stauden mit Bedacht gesetzt werden. So schön eine knallrote Solitärstaude ist, so weh kann es dem Auge tun, wenn daneben auf der einen Seite etwas Gelbes, auf der anderen etwas Rosafarbenes blüht.

DER PRÄRIEGARTEN

Elegant zu roten Stauden sehen Gräser aus. Sie bilden einen ruhigen und trotzdem interessanten Hintergrund und übernehmen die strukturelle Gestaltung des Beetes, wenn die Blüte vorbei ist. Nicht nur optisch, sondern auch biologisch kann hier eine Allianz von Mohn und Gras weise sein. Wie auch der *Papaver orientale* bevorzugen diese Grassorten einen trockenen, sonnigen Platz.

Adria-Kopfgras
Sesleria autumnalis
Blauschopfgras
Sesleria caerulea
Blaustrahlhafer
Helictotrichon sempervirens
Flaschenbürstengras
Hystrix patula
Präriegras
Sporobolus heterolepis

DER MEISTER DER GRASGÄRTEN ist der preisgekrönte niederländische Gartendesigner Piet Oudolf. Er nutzt bei seinen Entwürfen für private Gärten oder öffentliche Anlagen Gräser und trockenresistente Stauden. Berühmt gemacht haben ihn seine Präriegärten. Sie bestechen durch faszinierende Strukturflächen eher als durch romantischen Blütenzauber, wie es ein Cottagegarten tun würde. Piet Oudolf setzt wehende Gräser neben knollige Büschel, dazwischen genügsame Stauden wie **Hohe Fetthenne** *Sedum matrona*, den **Indianischen Salbeistrauch** *Artemisia cana*, **Sonnenhut** *Echinacea* oder auch hohen **Zierlauch**, *Allium*, dessen lila Blüten und kugelförmige Blütenstände über der Grasfläche zu schweben scheinen. So entstehen Anlagen, die auch im Winter nichts von ihrem dekorativen Zauber verlieren. Piet Oudolfs Referenzliste ist lang: Battery Park in New York, Lurie Garden in Chicago, Dream Park in Enköping, dazu zahlreiche weitere Projekte in Europa und Amerika. Sie alle tragen die ganz spezielle Handschrift dieses Gartendesigners – nachahmenswert für alle, die eine relativ trockene, sonnige Gartenfläche interessant gestalten und rot blühenden Stauden einen eindrucksvollen Rahmen geben wollen.

Hochroth

Du innig Roth,
bis an den Tod
soll mein Lieb
dir gleichen,
soll nimmer bleichen,
bis an den Tod
du glühend Roth
soll sie dir gleichen.

KAROLINE
VON GÜNDERODE

Mit diesen Stauden holt man sich die Farbkombination des wild blühenden
Dreigespanns Klatschmohn, Kamille & Kornblume in den Garten:

Schmucksalbei *Salvia officinalis*
Katzenminze *Nepeta cataria*
Garten-Margerite *Leucanthemum vulgare*
Weiße Spornblume *Centranthus ruber* 'Albus'
Weiße Sandnelke *Dianthus arenarius*
Blaue Schwertlilie *Iris sibirica*

DER ABENDROT*garten*

Wer konsequent rot blühende Stauden in allen Schattierungen nebeneinander setzt, erhält einen raffinierten Abendrotgarten.

Orangefarbene Akzente beschwören den Eindruck letzter einfallender Strahlen herauf, bevor die Sonne hinter dem Horizont versinkt und nur ein dunkles Violett und ein spätes Braun zurücklässt.

DER PÄONIEN-PAVILLON

So lautet der Name einer berühmten chinesischen Oper von Tang Xianzu aus dem 16. Jahrhundert. Es gibt ein Happy End, wenn auch erst nach fünfundfünfzig Szenen, zweihundert Arien, mit einhundertsechzig handelnden Personen und einer Spielzeit von rund neunzehn Stunden. Ein wahres Kulturdenkmal also – und zugleich ein Indiz dafür, dass die **Chinesische Päonie** *Paeonia lactiflora* und die ebenfalls in China angesiedelte **Strauchpäonie** *Paeonia suffruticosa* große Bedeutung als Symbol für wachsende, blühende und erfüllte Romantik im Leben einer Frau hatten. Seit über tausend Jahren wird die Päonie dort als Gartenpflanze kultiviert. Auch in Europa kannte und schätzte man die Pfingstrose, wie die Päonie genannt wird, bereits früh. Große Heilkräfte wurden ihr zugesprochen. Bereits im 12. Jahrhundert schrieb Hildegard von Bingen: *»Die Paeonie (beonia, Dactylosa) ist feuerfarben und hat gute Wirkung. Sie hilft sowohl gegen die dreitägigen wie die viertägigen Fieber ... Und wenn ein Mensch den Verstand verliert, so als ob er nichts wüsste und gleichsam in Ekstase läge, tauche Päoniensamen in Honig und lege sie auf seine Zunge, so steigen die Kräfte der Päonie in sein Gehirn empor und erregen ihn, sodass er rasch seinen Verstand wiedererlangt ...«* Sie wurde also gegen Epilepsie genutzt. Dass die Nachkommen der Korallen-Pfingstrose und der Echten Pfingstrose aus dem Mittelmeerraum in Deutschland bereits im 15. Jahrhundert als Gartenpflanzen genutzt wurden, ist bildhaft dokumentiert: Auf dem Gemälde »Paradiesgärtlein«, entstanden um 1410, steht die Pfingstrose stolz neben der Iris, der Rose, der Margerite, der Lilie und 23 weiteren Kräutern, Pflanzen und Blumen.

Pfingstrose

Verhaucht sein stärkstes Düften
hat rings der bunte Flor,
und leiser in den Lüften
erschallt der Vögel Chor.

Des Frühlings reichstes Prangen
fast ist es schon verblüht –
die zeitig aufgegangen,
die Rosen sind verblüht.

Doch leuchtend will entfalten
Päonie ihre Pracht,
von hehren Pfingstgewalten
im Tiefsten angefacht.

Gleich einer späten Liebe,
die lang in sich geruht,
bricht sie mit mächtgem Triebe
jetzt aus in Purpurglut.

FERDINAND VON SAAR

Diese rot, rosa und violett blühenden
Stauden laden zum Abendrotgarten ein:
Sämtliche Sorten des
Gartenmohns *Papaver orientale*
Feuersalbei *Salvia splendens*
Rosen-Sorten wie 'Westerland',
'That's Jazz' , 'Velvet Cover'
Stockrosen *Alcea rosea*
Indianernesseln *Monarda didyma*
Pfingstrosen *Paeonia*

Neben blühenden Pflanzen in Rot sehen auch rotlaubige Stauden im Abendrotgarten apart aus:
Purpurglöckchen *Heuchera*
Fuchsrote Segge *Carex buchananii*
Bronzefenchel *Foeniculum vulgare* 'Rubrum'
Wer mit Rot den Himmel stürmen will und auf der Erde genug Platz dafür hat, kann diese rötlichen Gehölze setzen:
Fächerahorn *Acer palmatum*
Perückenstrauch *Cotinus coggygria*
Rotlaubige Berberitze *Berberis thunbergii atropurpurea*, z. B. 'Orange Rocket'

VON INDIANERN UND ZAUBER*steinen*

Auch die **Indianernessel** *Monarda*, die nach dem spanischen Arzt Nicolás Monardes benannt wurde, blüht in verschiedenen Rottönen. Monardes stammte aus Sevilla. Geboren 1493, war er von der Neuen Welt fasziniert, ohne jemals einen Fuß in das 1492 von Christoph Kolumbus entdeckte Amerika gesetzt zu haben. Begierig ließ er sich von den Glücklichen, die über den Atlantik gesegelt waren, berichten und sammelte alles von den indianischen Ureinwohnern, was zurück nach Spanien gebracht wurde. Schließlich eröffnete er sogar ein Museum, in dem er die zusammengetragenen Stücke ausstellte. Speziell die Verwendung von Pflanzen interessierte Monardes, insbesondere wohl Geschichten über Tabak. In einem Buch, das 1569 erschien, beschrieb er, dass es in der Neuen Welt zwei vorzügliche Heilmittel gegen alle Arten von Gift gäbe: zum einen die Schwarzwurzel, zum anderen den Bezoar, ein steinartiges Gebilde aus dem Magen der Bezoarziege, bestehend aus verklebten Haaren und Mineralien. Die Faszination für den Bezoar teilt Nicolás Monardes mit J. K. Rowling, der erfolgreichsten Kinderbuchautorin aller Zeiten: Mit eben diesem Stein rettet Harry Potter das Leben seines besten Freundes Ronald Weasley, als dieser irrtümlich Gift schluckt.

Der Name des REGEN*bogens*

Die Schwertlilie *Iris* ist nach der griechischen Göttin des Regenbogens benannt. Sie blüht von Mai bis Juni, dank vieler Züchtungen, in allen Farben des Regenbogens: von schneeweiß und zitrusgelb über apricot und flamingorot, über sämtliche Violett- und Blautöne bis hin zu der Sorte 'Midnight Oil' mit ihren fast schwarzen Blüten. Irisblüten können monochrom, aber auch zweifarbig und gesprenkelt sein. Und wer an Irisblüten riecht, kommt leicht ins Schwärmen: Unterschiedlich stark kann der Duft sein, von zart vanille-schokoladig über blumig-zitronig bis hin zu berauschend intensiver Schwere. Die **Iris** *Germanica variegata* ist, wie die Rose, eine Urblume, die bereits vor 4000 Jahren im Mittelmeerraum kultiviert wurde. Im Mittelalter fand sie einen Platz in europäischen Klostergärten, in Frankreich galt die Fleur-de-Lys-Lilienblume als das Zeichen für die französische Monarchie schlechthin. Und noch eine Bedeutung hat die schöne, stolze Iris: Mit ihrem weichen Bart und den weit geöffneten Blütenblättern, die in verlockende Tiefen zu führen scheinen, gilt sie als das Blumensymbol der Erotik.

Poetischer Gartentipp: Sträußen, die man verschenken will, Namen geben, diese auf Zettel schreiben und am Strauß befestigen: Blaue Versuchung, Duft für zwei, Heute oder nie, Ich hab für dich das Glück gepflückt ...

SOMMER IN *Balkonien*

Sehen, schmecken, riechen: Der Sommerbalkon ist ein Refugium für die Seele, eine Oase zum Träumen, ein Ort, der Innen und Außen, Stadt und Natur zugleich sein kann. Lesen, Sonnen, Faulenzen sind möglich. Aber auch Ernten und lukullisch Genießen sind erwünscht. Alles ist möglich. Man muss sich bloß entscheiden – und handeln.

Der ABENDROT*balkon*

Auch rot blühende Einjährige stehen im Sommer in Hülle und Fülle zur Verfügung. Mit ihnen lassen sich raffiniert Lücken im Gartenbeet ausfüllen. Zugleich sind diese roten Sommerblüher auch für die Balkonbepflanzung geeignet:

Fuchsien *Fuchsia* 'Granada', 'Murrus Coral' und 'Red Ace'
Edellieschen *Impatiens neuguinea* 'Red'
Eisenkraut *Verbena* 'Rote Blaze'
Wandelröschen *Lantana camara* 'Professor'
Ziertabak *Nicotania sanderae* 'Deep Rose'

Beim Pflanzen sollte man darauf achten, dass die Erde in Töpfen und Kästen möglichst durchlässig ist und eventuell Sand dazugeben. Denn feuchte, humose Erde, bei anderen Pflanzen oft bevorzugt, ist nichts für diese Hungerkünstler.

Achtung: Sammelsuchtgefahr! Die Dachwurze besticht auf den zweiten Blick mit schönen Blüten, interessanten Färbungen, unterschiedlichen Strukturen, symmetrischer Rosettenbildung und ihrer Fähigkeit, immer weiterzuleben – *semper vivum*, wie es auf Lateinisch heißt. Abgetrennte Ableger werden rasch bewurzelt und bilden neue Rosettenhorste.

Der Balkon für REISENDE

Oft ein Hindernis: Sommer ist Reisezeit. Aber Sommer ist auch die Zeit der Sonne, der Wärme, des Wasserbedarfs bei Pflanzen. Was, wenn man länger unterwegs ist? Wenn eine Hitzewelle droht? Sollte man auf eine Balkonbepflanzung ganz verzichten? Auf keinen Fall! Eine aparte Möglichkeit ist es, nur auf diese Pflanzen zu setzen, denen Trockenheit nicht viel ausmacht: Fetthennen *Sedum*, Hauswurz *Sempervivum* und trockenresistente Gräser, die auch für Dachbegrünungen verwendet werden. Sie sind nahezu wartungsfrei, optisch gefällig und zudem bei Insekten beliebt.

Fetthennen:
Sedum spurium 'Tricolor'
Sedum x *telephium* 'Matrona' und 'Herbstfreude'
Sedum floriferum 'Weihenstephaner Gold'

Gräser:
Goldbartgras *Chrysopogon gryllus*
Fingersegge *Carex digitata*
Zwerg-Segge *Carex humilis*
Blauschwingel *Festuca glauca*
Blaugras *Sesleria caerulea*
Hainsimse *Luzula nivea*

Dachwurzarten:
Sempervivum hirta
Sempervivum arachnoideum
Sempervivum humile
Sempervivum 'Candy floss'
Sempervivum 'Ordensstern'

Der NASCH*balkon*

Ernst Innozenz Hauschild (1808 – 1866), Schuldirektor mit reformpädagogischen Tendenzen, setzte sich für einen Platz im Freien ein, auf dem Kinder von Fabrikarbeitern unter pädagogischer Aufsicht spielen durften. Unterstützt wurde er dabei von dem Leipziger Arzt Moritz Schreber. Schreber starb 1861, doch als 1864 Hauschild einen entsprechenden Verein gründete, nannte er ihn zu Ehren seines verstorbenen Mitstreiters »Schreberverein«. Allmählich entstanden auf dem ursprünglichen Spielplatz Kinderbeete, aus denen Gärten wurden, die die Eltern der Kinder bewirtschafteten, mit dem Hintergedanken, in Zeiten der Industrialisierung den Familien Licht, Sonne, Bewegung und Naturnähe zu geben, mit der Gelegenheit zu eigenem Gemüseanbau und sozialen Kontakten. Und so hatte die Geburtsstunde der Schrebergärten geschlagen. Ein »Schreberbalkon« mit eigenem Gemüseanbau ist die günstige Alternative. Zugegeben, satt wird man vom Ertrag vermutlich nicht ganz. Und wer auf dem Balkon etwas anbaut, ist bis zur Ernte sehr gefragt und muss ein sorgfältiges Auge auf Dünger und Wasser haben. Aber es lohnt sich, denn es hat einen ganz eigenen Zauber, die leckeren Früchte seiner Arbeit zu ernten.

Süßer Tipp: Drei aufeinandergestellte Tontöpfe (von groß nach klein) im Frühjahr etagenweise mit Erdbeerpflanzen bepflanzen. Im Laufe des Sommers entsteht so eine Erdbeerpyramide – grünes Laub und rote Früchte. Geeignet ist die Sorte 'Diamant', die von Juni bis September trägt.

Wer seinen Schreberbalkon verwunschen berankt haben will: Kein Problem!
Kletterbohnensorten von *Phaseolus vulgaris* wie die dekorative Feuerbohne oder 'Blauhilde' erobern in Windeseile kahle Mauern und liefern reichliche Ernten – vorausgesetzt, man hilft ihnen mit einer Ranghilfe. Gerade bei Bohnen ist der Balkongärtner übrigens klar im Vorteil. In einem Topf wird die flach ausgebrachte Bohnensaat nicht so leicht wie im Garten von Schädlingen attackiert, außerdem ziehen gerade die wärmeliebenden Bohnen ein mildes Klima beim Keimen vor.

Bestens für den Balkon geeignet:

Praktisch alle Kräuter mögen das milde Klima. Ebenso viele Gemüsesorten. Die grün-weißlichen Blätter der Zucchinipflanze etwa sehen dekorativ aus. Ein großer Topf muss es allerdings schon sein, wenn es was mit der Ernte werden soll. Erbsen bescheren problemlos eine süße Schotenernte. Paprikapflanzen machen sich auf dem geschützten Balkon oft viel besser als im Garten. Auch Auberginenpflanzen gedeihen besser, je wärmer und geschützter es ist. Bunt und appetitlich wächst Mangold auf dem Balkon. Tomaten mögen keinen Regen: Ideal für den überdachten Balkon! Man kann zu altbekannten Sorten wie 'Harzgold' greifen – oder sich an etwas Neues wagen: Knapp 5000 Sorten stehen mittlerweile zur Auswahl. Eins ist allerdings allen Tomatensorten gemeinsam: Der typische Duft hält Insekten fern. Wer dann noch zur Tomatenernte Basilikum auf dem Balkon hat, dem fehlt nur noch der Mozzarella für einen leckeren Abendsnack.

Variante Bella Balkonia: Mit Rosmarin, Oregano, Lavendel und Salbei verwandelt man den Schreberbalkon in ein kleines Mittelmeerparadies, beschwört provenzalische und mediterrane Düfte herauf. Dazu passen Oliven-, Lorbeer- und Zitronenbäumchen. Sie sind perfekt für Südbalkone geeignet, weil sie dort Sonnenhitze und gelegentliche Trockenheit ähnlich wie in ihren Ursprungsländern vorfinden.

Schnelles Rezept: Pronto! Salvia, molto buono! Salbeiblätter von der Pflanze pflücken und in Butter oder Olivenöl braten, bis sie kross sind. Sofort die Blätter samt Bratfett über Spagetti geben, mit Meersalz und frischem Pfeffer würzen. Dazu ein Glas Rotwein: Salute!

DER BALKON DER *süßen* DÜFTE

Ungewöhnlich kann es sein, seine Balkonpflanzen nur wegen des Duftes anzubauen und einen Sommer zwischen viel Grün und olfaktorischem Genuss statt inmitten bunter Reize zu verbringen. Wie gemacht dafür sind **Duftpelargonien** *Pelargonium*, die auch Duftgeranien genannt werden. Ihre Blüten sind eher bescheiden und kaum mit dem üppigen Flor der üblichen Geranien zu vergleichen. Dafür schmücken sie ruhig, gelassen und dezent mit ihren Blattzeichnungen. Doch ihren eigentlichen Zauber offenbaren sie erst, wenn man sie berührt: Dann entströmt ihren Blättern intensiver Duft – fruchtig, blumig, aromatisch, minzig: Nach Ananas, Apfel, Bitterorange, Eberraute, Ingwer, Kiefer, Kokos, Lemongras, Limone, Menthol, Minze, Muskat, Orange, Pfirsich, Pinie, Rose und Schokolade riecht es dann.

Tipp: Duftpelargonien sind nicht winterhart. Will man sie auch im nächsten Jahr auf dem Balkon haben, nimmt man im Herbst Stecklinge oder setzt die Pflanzen gleich in Töpfe, die man im Haus überwintern lassen kann.

AUF DEM BALKON

Hoch oben
über allen Häusern
hängen wir in die Nacht.
Überwölbt vom dunkelnden Himmel,
wo noch einsam
der Abendstern glänzt,
die Wipfeln der Pappeln
im Winde beben …

FRANCISCA STOECKLIN

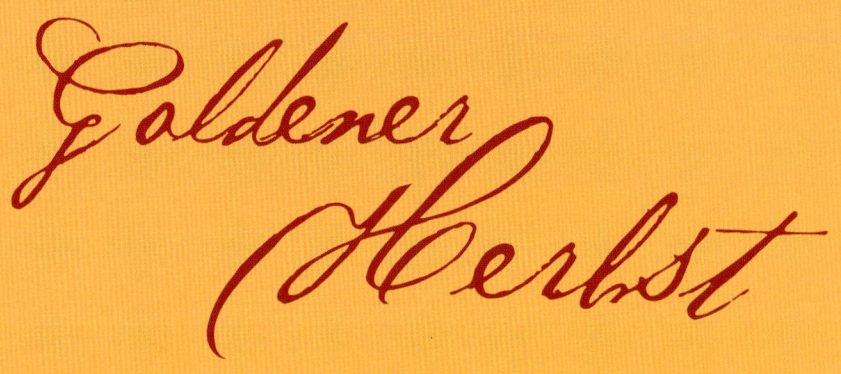

Goldener Herbst

SEPTEMBERMORGEN

Im Nebel ruhet noch die Welt,
noch träumen Wald und Wiesen:
Bald siehst du, wenn der Schleier fällt,
den blauen Himmel unverstellt,
herbstkräftig die gedämpfte Welt
in warmem Golde fließen.

EDUARD MÖRIKE

Sonnenblume *Helianthus annuus*

Die einjährige Sonnenblume braucht etwas Platz, also etwa
einen geräumigen Topf, da sie sich durch starkes
Wurzelwachstum auszeichnet. Sie freut sich über viel Wasser,
einen sonnigen Standort und regelmäßige Düngung.

FARBEN *pracht*

Man spricht vom »goldenen Herbst« und meint die Tage im September und Oktober, wenn der Himmel unverschämt blau leuchtet und die Sonne strahlt, wenn sich die Blätter verfärben, wenn morgens die Tautropfen funkeln und Spinnennetze als weiße weiche Fäden über die Wiesen schweben. Spätestens im November ändert der Herbst dann sein Gesicht: Vorbei ist es mit den warmen Temperaturen und der bunten Laubpracht.

Der Sturm reißt die brauen Blättern von den Bäumen, kahle Äste ragen in den bedeckten Himmel, und auf dem Balkon und im Garten blühen höchstens noch allerletzte Astern, allerletztes Sedum. Bis die ersten Fröste kommen und auch sie in Herbstbraun tauchen. Aber bis es so weit ist, gilt es die schöne Seite des Herbstes im Garten und auf dem Balkon genießen.

Diese Gelbblüher strahlen mit der goldenen September- und Oktobersonne um die Wette, sehen sie doch selbst wie kleine Sonnen aus:

Einjährige Sonnenblume *Helianthus annuus*
Staudensonnenblume *Helianthus*
Sonnenbraut *Helenium*
Sonnenbraut Sonnenauge *Heliopsis*
Sonnenhut *Rudbeckia*

Neben der deutschen Bezeichnung verrät auch das griechische *helios* im Namen ihre Zugehörigkeit zur Sonne: Helios war der Sonnengott in der griechischen Mythologie. Mit vier Feuerrössern zog er tagtäglich die Sonne über den Himmel, gefolgt von Selene, der Mondgöttin. Voraus eilte ihnen Eos, die Göttin der Morgenröte.

Edel zu den spätsommerlichen und frühherbstlichen Sonnenstauden sehen im Garten aus:
Blauer Eisenhut *Aconitum*
Weiße Prachtkerze *Gaura*
Weiße Herbstanemone *Anemone hupehensis*
Weiße Sieben-Söhne-des-Himmels-Blume
Heptacodium miconioides

Auch Gräser sind ideale Begleiter zu Sonnenhut & Co. Im Sommer vorbildlich anspruchslos, verfärben sie sich im Laufe des Herbstes in Orange, Dunkelrot und Braun und bieten bis in den Winter hinein ein schmuckes Bild im Garten:
Rötliche Rutenhirse *Panicum virgatum*
Pfeifengras *Molinia*
Plattährengras *Chasmanthium latifolium*
Sandrohr *Calamagrostis*

DIE FARBE *Gelb*

Kein Herbstgarten ohne Gelb. Es gilt als Farbe der Ernte, des reifen Getreides, der Fruchtbarkeit und der Zitrusfrüchte – der »goldenen Äpfel«. Gelb und Orange finden sich in Blüten und Früchten und erscheinen im herbstlichen Staudenbeet von allein: Die Blätter der Funkien zeigen sich in Gelb, die Pfingstrosen verfärben sich, Staudenbleiwurz und Storchschnabel erröten. Gelb ist zudem die Komplementärfarbe des strahlend blauen Himmels. Zugleich ist Gelb in der Natur aber auch eine Warnfarbe: Tritt sie in der Insektenwelt auf, besonders in der Verwendung mit Schwarz wie bei Wespen, Bienen und Hornissen, heißt das: Vorsicht, ich bin gefährlich!

Auch in der Kulturgeschichte hat die Farbe Gelb widersprüchliche Bedeutung. Einerseits steht sie für Nähe zu Gold, zu Macht, zur Sonne. Sie hellt auf, stimmt optimistisch und strahlt warm. Andererseits stigmatisiert sie: Da die Liebesgöttin Venus in einem gelben Gewand abgebildet wurde, mussten im Mittelalter die Dirnen ein gelbes Erkennungszeichen tragen. Zudem gilt Gelb als Farbe des Neides: Die gelbe Galle, einem antiken Glauben nach für alle negativen Gefühle zuständig, färbte die Haut des Menschen: Er wurde gelb vor Neid.

Die Sonnenblume möchte dich begrüßen,
dieweil sie sich so gern zur Sonne wendet.
Nur steht zurzeit
sie noch zurückgewiesen;
doch du erscheinst
und sie ist gleich vollendet.

JOHANN WOLFGANG VON GOETHE

Das GEHEIMNIS *der Sonnenblume*

Die einjährige Sonnenblume *Helianthus annuus*, die Felder golden leuchten lässt und deren Name in fast jeder Sprache – sunflower, tournesol, zonnebloem – das Gleiche bedeutet, ist etwas ganz Besonderes:

Sie ist heliotrop, was bedeutet, dass sie im Tagesverlauf der Sonne folgt. Ihre Knospen und Blätter drehen sich von Osten über Süden nach Westen. In der Nacht kehren sie wieder in die nach Osten gewandte Stellung zurück, wie um den Sonnenaufgang zu erwarten. Die Blüte, als Frucht der Sonnenblume, ist dagegen immer nach Osten ausgerichtet. Vielleicht war neben ihrem sonnigen Erscheinungsbild auch ihr geheimnisvoller Heliotropismus ein Grund dafür, weshalb die Inka diese Pflanze als Abbild ihres Sonnengottes verehrten. Ursprünglich stammt die Sonnenblume aus Nord- und Mittelamerika, als Sämerei wurde sie 1552 von spanischen Seefahrern nach Europa gebracht und fand ihren Weg als Zierblume in die Gärten. Erst seit dem 19. Jahrhundert wird die Sonnenblume wegen ihrer ölhaltigen Kerne angebaut. Zur Freude all jener, die an einem blühenden Feld vorbeikommen, so viel Schönheit nicht widerstehen können und sich einige Stängel für die Vase mitnehmen. Sonnenblumen wachsen in praktisch allen Böden, wenngleich sie in nährstoffreichen Böden am größten werden.

Diese Sonnenblumen sind für den Garten besonders schön: die bunte Sorte 'Herbstzauber' und die dunkelrote Sorte 'Moulin Rouge'.

Tipp für Ehrgeizige: 'American Giant' wird stolze vier Meter hoch, ihr Blütenteller hat einen Durchmesser bis zu 50 cm – perfektes Vogelfutter für den Winter. Und die unübertroffene Rekordhalterin: Die bisher höchste Sonnenblume der Welt wurde 2009 gemessen: 8,03 Meter.

DIE *Gold*BLUME

Ebenfalls ihren großen Auftritt im Herbst haben die **Chrysanthemen** *Chrysanthemum,* die bei uns auch Goldblumen oder Goldblüten heißen. In Gelb- und Goldtönen, in Kupfer und Dunkelrot blühen sie überschwänglich gerade dann, wenn andere Pflanzen jahreszeitlich bedingt schwächeln. Besonders auf Terrassen, in Eingangsbereichen und auf dem Balkon bieten ihre großen Blütenbälle einen leuchtenden Herbstanblick.

Eine der »VIER EDLEN«

Die Chrysantheme stammt ursprünglich aus dem asiatischen Raum, wo die Blüten der Wildpflanze an große Gänseblümchen erinnern. In China wird sie seit über 1000 Jahren als Zierpflanze kultiviert, und bereits Konfuzius hat sie in seinen Schriften erwähnt. Sie gilt als das Symbol des Mutes, der Männlichkeit und Stärke und gehört zur Gruppe der Pflanzen, die für langes Leben und Bescheidenheit, für Vornehmheit und ewige Liebe stehen. In der strengen chinesischen Gartenkunst ist die Chrysantheme, neben Päonie, Bambus und Pflaume, eine der »vier Edlen«, und gepflückt werden soll sie nur am neunten Tag des neunten Monats. In Japan, wo die Chrysantheme seit dem 8. Jahrhundert zu Hause ist, ist sie eine Blume mit großer, ja kaiserlicher Tradition: Der Chrysanthementhron und der Chrysanthemenpalast sind die Zeichen für die Macht des Tenno schlechthin. »Kiku« nennt man diesen Korbblütler dort, was so viel wie »Abendsonne« heißt. Die sechzehn stilisierten Blütenblätter der Chrysantheme im kaiserlichen Signet symbolisieren die Sonne, von der das Kaiserhaus abstammen soll. Und die höchste Auszeichnung in Japan? Natürlich der Chrysanthemenorden. Weil die Chrysantheme im Herbst blüht, gilt sie in Japan als Symbol für Unsterblichkeit. Ihre Verehrung findet einmal jährlich, am 9. September, also dem neunten Tag des neunten Monats, seinen Höhepunkt: Dann wird in Japan das Chrysanthemenfest gefeiert.

| 53

Wellness-Rezept: Im asiatischen Raum wird Chrysanthementee geschätzt. Einige getrocknete Blüten von *Chrysanthemum indicum* oder *Chrysanthemum morifolium* mit kochend heißem Wasser überbrühen, ziehen lassen und dann abseihen. Der blass-hellgelbe Tee mit seinem milden blumigen Geschmack belebt Körper und Seele, lässt asiatische Gelassenheit aufkommen und eignet sich bestens zum wohligen Träumen, wenn der Herbststurm ums Haus heult.

Das war der Tag der weißen Chrysanthemen –
mir bangte fast vor seiner schweren Pracht ...
Und dann, dann kamst du mir die Seele nehmen
tief in der Nacht.

Mir war so bang, und du kamst lieb und leise –
ich hatte grad im Traum an dich gedacht.
Du kamst, und leis wie eine Märchenweise
erklang die Nacht ...

RAINER MARIA RILKE

DAS *Feuerwerk*
DER DAHLIEN

Im Sommer beginnt sie zu blühen und hört damit bis zum ersten Frost nicht auf: die **Dahlie** *Dahlia*. Dass sie früher, wie in Roseneggs Gedicht, Georgine genannt wurde, liegt einem zeitlichen Irrtum zugrunde: 1789 bekam Antonio José Cavanilles,
damaliger Direktor des Botanischen Gartens in Madrid, Samen von seinem mexikanischen Kollegen Vincente Cervantes geschickt – die Dahlie stammt ursprünglich aus Mexiko und der Hochebene Guatemalas. Aus ihnen zog Cavanilles im folgenden Jahr die ersten Pflanzen und nannte die Gattung *Dahlia*, zu Ehren seines verstorbenen Kollegen, des schwedischen Mediziners und Botanikers Anders Dahl. Der Botaniker und Apotheker Carl Ludwig von Willdenow, der Direktor des Botanischen Gartens in Berlin werden sollte, glaubte einige Jahre später, dass dieser Name bereits einer anderen Pflanzenart zugeordnet worden war, und nannte die *Dahlia* daraufhin in *Georgia* um. Doch Willdenow irrte sich um ein Jahr: Erst 1792 hatte der schwedische Professor und Botaniker Carl Peter Thunberg, ein Schüler des berühmten Carl von Linné, den Namen *Dahlia* an eine andere Pflanzenart vergeben. So war die Erst-Ernennung der *Dahlia* durch Cavanilles durchaus korrekt. Aber wie es eben so ist: Manchmal bleiben falsche Namen an einem hängen, und die Dahlie wurde in den nächsten Jahrhunderten oft als Georgine bezeichnet.

Warum so spät erst,
Georgine?
Das Rosenmärchen
ist erzählt,
und honigsatt hat sich
die Biene
ihr Bett zum Schlummer
ausgewählt …

HERMANN VON GILM
ZU ROSENEGG

Farbenpracht und FORMENVIELFALT

Die Dahlie begeistert: Sie ist blühfreudig, kommt in spektakulären Farben und Formen daher, lässt sich durch Teilung ihrer Knollen leicht vermehren und wirkt, je nach Standort und Farbgebung, robust oder filigran, leuchtend im Bauerngarten, elegant im Staudenbeet.

Sie ist eigentlich eine nicht winterharte Staude, kann aber problemlos überwintert werden, wenn man ihre Knollen vor den ersten harten Frösten aus dem Boden nimmt und bis zum nächsten Frühling frostsicher aufbewahrt. Durch ihre leichte Vermehrung ist sie praktisch unsterblich. Kein Wunder also, dass die Zahl ihrer Züchtungen sich weltweit inzwischen auf ca. 50 000 Sorten beläuft. 1897 wurde die »Deutsche Dahliengesellschaft« gegründet, die es sich fortan zur Aufgabe machte, die Sorten und deren Eigenschaften aufzulisten.

Kreativer Tipp: Der Lieblingsplatz im Herbst – weich gebettet sitzen und den Blättern beim Fallen zusehen. Geschmückt mit diesem selbst bedruckten Kissen, wird der Gartenstuhl zum Lieblingsplatz im Herbstgarten. Denkbar leicht lässt sich der bunte Herbst verewigen: Die ersten fallenden Blätter dienen als Druckstempel. Blätter verschiedenster Formen mit herbstlichen oder kunterbunten Wäschefarben – je nach Fantasie des Künstlers – bepinseln und auf schlichten, hellen Nesselstoff drücken. Nach dem Trocknen von links bügeln: Fertig ist der Indian Summer auf Kissen, Tischdecke oder Stoffserviette.

BLATT *wissenschaften*

Was muss passieren, damit sich das Blatt verfärbt, aus Grün herbstliches Gelb, Gold, Orange und Rot wird? Damit in den Wäldern das bunte Feuerwerk entzündet wird, das wir unter Indian Summer kennen? Des Rätsels Lösung: die Fotosynthese. Die chemischen Vorgänge zwischen Licht und Dunkel, zwischen Wasser und Glukose, zwischen Aufnahme von Stickstoff und Abgabe von Sauerstoff sind verantwortlich für das Wachstum jeder Pflanze.

Die entscheidende Rolle spielt dabei das grüne Chlorophyll. Droht Frost und damit das Erfrieren der Blätter, zieht der Baum das Chlorophyll bis zum nächsten Frühling in Stamm und Äste zurück. Zurück bleiben die Farbstoffe im Blatt, die zuvor vom grünen Chlorophyll überdeckt wurden: gelbes Carotinoid und braune Gerbstoffe. Zusätzlich bilden manche Bäume rotes Anthocyan aus. Die Farben, die wir Herbstfarben nennen, werden sichtbar: Gelb, Rot, Braun. Je kälter die Nächte und je wärmer tagsüber die Sonne, desto bunter wird der Herbst. Schließlich fällt das Blatt, weil zwischen Blatt und Ast eine Verkorkung entsteht, die jeden Nähraustausch unmöglich macht.

Bunte Bäume – DIE FARBEN *des Herbstes*

Manche Bäume bezaubern im Herbst mit einer besonders intensiven gelben Blattverfärbung. Dazu gehört auch der Ginkgo-Baum, der bis zu 4000 Jahre alt werden kann. Er ist ein lebendes Fossil: Ihn gab es bereits, als noch die Dinosaurier über die Erde stampften. Biologisch ist der Ginkgo ein Sonderling: Er ist weder Nadelbaum noch Laubgehölz, sondern gehört zu den nacktsamigen Palmfarnen. Sein Aufbau spiegelt ein frühes Stadium der Evolution wider. Er ist das einzige noch existierende Bindeglied zwischen Farnpflanzen und höheren Pflanzen. Obwohl aus der Urzeit, findet er sich in der modernen Zeit besser zurecht als manch junger Holzspund. Er ist resistent gegen Abgase und praktisch immun gegen Pilze und Schädlinge, alles Gründe, weshalb man ihn heute gern für Straßenbepflanzungen nimmt. Medizinisch ist er eine anerkannte Heilpflanze mit durchblutungsfördernden Wirkstoffen. Nur der Geruch seiner Früchte am weiblichen Baum im September ist gewöhnungsbedürftig. Sie riechen unangenehm nach Buttersäure, weshalb man es in Deutschland vorzieht, männliche Bäume zu setzen. Schon Goethe war begeistert von dem Ginkgo, der in seinem Garten in Weimar stand. Von dessen ungewöhnlicher Blattform ließ er sich zu diesem Gedicht inspirieren, das er der Schauspielerin Marianne von Willemer widmete:

Ginkgo Biloba

Dieses Baumes Blatt, der von Osten
meinem Garten anvertraut,
gibt geheimen Sinn zu kosten,
wie's den Wissenden erbaut.

Ist es ein lebendig Wesen,
das sich in sich selbst getrennt?
Sind es zwei, die sich erlesen,
dass man sie als eines kennt?

Solche Fragen zu erwidern,
fand ich wohl den rechten Sinn;
fühlst du nicht an meinen Liedern,
dass ich eins und doppelt bin?

JOHANN WOLFGANG VON GOETHE

Doch der Ginkgo ist nicht das einzige Gehölz, das im Herbst mit seiner Laubfärbung begeistert: Das Laub der Felsenbirne *Amelanchier* leuchtet tiefrot.
Die Farben der Zaubernuss *Hamamelis* spielen von Karminrot über Ockergelb zu grünen und schwarzen Rändern.
Die Kornelkirsche *Cornus* verfärbt sich von Gelb bis Rotorange.
Die Blätter des Feldahorns *Acer campestre* verfärben sich nicht nur gelb, sondern bleiben auch besonders lange an den Ästen.
Der Zierapfel *Malus* trägt Äpfelchen von gelb über die gesamte Orangepalette bis hin zu dunkelrot.

Wilde ERNTE

Vom Winde verweht, kehrt man vom Herbstspaziergang mit reicher Beute zurück:
Körbe voller schwarzer Holunderdolden,
Becher voller Schlehen und ein Sträußchen,
das nur aus Hagebutten besteht
und sich in einer kleinen Vase reizend macht.

Herbstrezept für Holundergelee: Die Beeren von den Stielen zupfen und verlesen, dann mit Wasser bedeckt zum Kochen bringen, bis sie aufplatzen. Den Fruchtbrei durch ein Tuch geben, den aufgefangenen Saft 1:1 mit Gelierzucker aufkochen. Je nach Geschmack Vanillezucker, Zimt, Sternanis oder einen Schuss Rum dazugeben. Vom heißen Gelee die Schaumschicht abnehmen, es in dekorative Gläser füllen, auf dem Kopf gestellt auskühlen lassen – fertig ist das perfekte Herbstmitbringsel. Schmeckt auch lecker zu Wildgerichten!

Herbstrezept für Schlehenlikör: 300 g Schlehen, 200 g Kandis, 1 Vanillestange, 1 Zimtstange, 1 Flasche Weinbrand in ein Gefäß geben, mindestens 3 Monate ziehen lassen, einmal pro Woche umrühren. Danach abseihen und in Flaschen verkorkt aufbewahren.

Der HERBSTBALKON

Buntes Laub und Spätblüher laden dazu ein, den Balkon in Herbstfarben zu schmücken. Da sind auch Sonnenblumen und Dahlien richtig am Platz, vorausgesetzt, man wählt die entsprechende Größe. Wer sie im Frühjahr ausgesät und gesetzt hat, wird jetzt belohnt, wer nicht, muss sie eben kaufen. Besonders hübsch sehen Herbstarrangements in Körben aus. Genussvoll wird auf dem Balkon den warmen Farben gefrönt, die daraus hervorquellen. Geeignet sind Körbe aus Weidengeflecht, Rattan und festen Naturfasern.

Gelbblühendes für den Herbstbalkon:
Sonnenblumen 'Big Smile' (35 cm), 'Gelber Knirps' (50 cm), 'Teddy Bear'
Mignon Dahlien 'Agnes', 'Top Mix Orange', 'Yellow Hammer'
Kupfer und gelb blühende Chrysanthemen
Silberrandchrysanthemen

Dazu passen gut:
Buntnesseln *Solenostemon scutellarioides*
Rebhuhnbeere *Gaultheria* mit ihren roten Früchten
Die grün-rot-gelbe Chamäleonpflanze *Houttuynia cordata*,
deren Blätter nach Orangen duften, wenn man sie sacht reibt
Die zarten weißen Knospen der Knospenblüherheide *Calluna vulgaris*
Rotbeerige Skimmie *Skimmia*
Oktobersteinbrech *Saxifraga cortusifolia* 'Fortunei'
Tagetes *Tagetes*

Zierkürbisse symbolisieren dekorativ die Zeit der Reife: Locker in und neben die Körbe und Töpfe mit Herbstbepflanzungen gelegt, erinnern sie daran, dass die Ernte bald eingebracht ist und Halloween nicht mehr fern ist.

Ein Plädoyer für die TAGETES

Es soll Menschen geben, die die Nase rümpfen, wenn sie Tagetes riechen. Ihr Geruch wird als unangenehm empfunden. Dabei ist die Studentenblume *Tagetes,* eine eher als konservativ abgestempelte Balkon- und Gartenpflanze, so etwas wie ein Geheimtipp. Ihren Ursprung hat sie in Mittelamerika, was ihre Frostempfindlichkeit erklärt: Während die Tagetes ab Mai ein Dauerblüher ist, ist ihre Pracht nach dem ersten Herbstfrost vorbei. Was man dann an einem trockenen Tag nicht verpassen sollte: Samen zu sammeln! Sie lassen sich im nächsten Frühjahr problemlos ab Ende April aussäen.

Geheimtipp GEWÜRZ*tagetes*

Heimliche Stars unter den Tagetessorten sind die Gewürztagetes. Sie duften nicht nur angenehmer als herkömmliche Sorten, sondern ihr Kraut und ihre Blüten sind auch essbar:

Der Duft der *Tagetes filifolia* etwa erinnert an Lakritze, sowohl Blüten als auch Kraut können zum Würzen genutzt werden. Die *Tagetes minuta* wird auch Mexikanische Gewürztagetes genannt. Nach Anis und Waldmeister duften ihre Blüten und verschönern jeden Salat. Ihr Name ist irreführend, denn *minuta* bedeutet so viel wie »klein«, tatsächlich aber wird diese Tagetes über einen Meter hoch. *Minuta* bezieht sich also eher auf die Größe der gelben Blüten, die erst im Herbst erscheinen. Was bedauerlich ist, denn auch diese Tagetes ist nicht frosthart. Die zahlreichen kleinen gelben Blüten der *Tagetes tenuifolia*, also der Schmalblättrigen Studentenblume, bilden im Laufe des Sommers nicht nur ein strahlend gelbes Blütenmeer. Sie duften und schmecken auch nach Zitrusfürchten: die Sorte ’Luna Orange‘ nach Apfelsine, die Sorte ’Luna Lemon‘ nach Zitrone.

VOR DEM *Frost*

Die Herbstblüte ist nun fast vorbei, die Natur holt noch einmal tief Luft, bevor es eisig wird. Zeit, ein letztes Mal die Ärmel hochzukrempeln und den Garten bereit für den Winter zu machen. Jetzt ist die perfekte Zeit zum Pflanzen. Bei milden Herbsttemperaturen und reichlich Niederschlägen akklimatisiert sich neu Gesetztes besonders gut, bewurzelt leicht und ist bereit, im nächsten Frühjahr auszutreiben. Wenn eine Pflanze gelb wird, sich zur Erde neigt und faulige Stellen hat, sollte sie abgeschnitten werden. Pflanzen mit stabilen Stängeln dagegen bieten Insekten ein geeignetes Winterquartier und können über Winter stehen gelassen werden. Rosen sollten angehäufelt, empfindliche Pflanzen mit Tannengrün geschützt werden. Nach dem ersten Frost müssen die Dahlien abgeschnitten, die Dahlienknollen herausgenommen und frostsicher untergebracht werden. Das Gras muss vor dem Blätterfall ein letztes Mal gemäht werden. Laub sollte vom Rasen geharkt werden, denn verrottende Blätter hinterlassen unschöne Stellen. Auf den Beeten und unter Gehölzen dagegen gibt es Pflanzen zusätzlichen Winterschutz. Ziergräser verleihen dem Garten auch im Winter Struktur. Auch die großen Blütenteller des verblühten *Sedum* sehen im Winter hübsch aus, besonders, wenn sie Mützen aus Schnee tragen.

Und nicht vergessen: Reichlich Zwiebeln für Frühjahrsblüher setzen!

HERBST

Astern blühen schon im Garten;
schwächer trifft der Sonnenpfeil
Blumen, die den Tod erwarten
durch des Frostes Henkerbeil.
Brauner dunkelt längst die Heide,
Blätter zittern durch die Luft.
Und es liegen Wald und Weide
unbewegt im blauen Duft.
Pfirsich an der Gartenmauer,
Kranich auf der Winterflucht.
Herbstes Freuden, Herbstes Trauer,
welke Rosen, reife Frucht.

DETLEV VON LILIENCRON

DAS HAUS DER *Goldenen* ÄPFEL

Kennst du das Land, wo die Zitronen blühn,
im dunkeln Laub die Goldorangen glühn,
ein sanfter Wind vom blauen Himmel weht,
die Myrte still und hoch der Lorbeer steht?
Kennst du es wohl? Dahin!
Dahin möcht ich mit dir,
o mein Geliebter, ziehn …

JOHANN WOLFGANG VON GOETHE

Alles begann mit der Zedrat-Zitrone *Citrus medica,* deren dicke Schale heute noch das Zitronat liefert. Sie gilt als Urmutter der vielen anderen Zitrussorten: Orange, Bitterorange – auch unter dem Namen »Pomeranze« bekannt, abgeleitet von *poma aurantia,* lat.: goldener Apfel –, Bergamotte, Limette, Mandarine, Satsuma, Kumquat, Grapefruit und Pampelmuse und die Züchtung aus beiden Sorten, die dickschalige Pomelo. Gemeinsam ist den Zitrusfrüchten die Empfindlichkeit harten Frösten gegenüber, weshalb sie nur zwischen dem 40. Grad nördlicher und dem 35. Grad südlicher Breite angebaut werden, im sogenannten Zitrus-Gürtel. Die Zitruspflanzen stammen ursprünglich aus dem asiatischen Raum. Der Name »Apfelsine« oder »sinaasappel«, wie sie im Niederländischen heißt, verrät es ja: China-Apfel. Der Weg führte die Orange 1520 aus Indien über Portugal in den Mittelmeerraum. Von dort war es in unsere Breiten nicht mehr weit. Damals galt sie als »goldener Apfel«, als Sinnbild für ewige Jugend, das Goldene Zeitalter, also als die Frucht Arkadiens schlechthin. Ihre weißen Blüten sind stark duftend, ihre hellgrünen Blätter hübsch und ihre Schalen enthalten aromatische Duftstoffe. Doch ihre weltweite Verbreitung fand die Zitruspflanze in erster Linie wegen ihrer essbaren Früchte.

Eine Orangerie gehörte zu herrschaftlichen Häusern und Schlössern wie die Löwen zum Portal, wie die Alleen zum Prachtgarten. Die hohen Fenster, nach Süden ausgerichtet, ließen viel Sonne in die weitläufigen Räumlichkeiten. Hier konnten während der kalten Jahreszeit frostempfindliche Kübelpflanzen aufbewahrt werden. Im Sommer dagegen war der leere Saal der ideale Ort für Festlichkeiten. Eine Orangerie zu haben, galt als ein architektonisches Statussymbol und war zugleich eine biologische Notwendigkeit.

Einerseits bedeutete es, dass man über Mittel und Wege verfügte, sich eine Sammlung dieser empfindlichen Bäumchen anzulegen. So leitet sich der Begriff »Orangerie« von den Pflanzen ab, die darin vor dem Winter in Sicherheit gebracht wurden und hinter Glas bei 8 bis 10 Grad Celsius überwinterten: von den Orangenbäumen. Andererseits war das Vorhandensein einer Orangerie unerlässlich, wenn man exotische Früchte ernten wollte, die ihrerseits auf der Tafel als Statussymbol galten. Ursprünglich bedeutete »Orangerie« allerdings nicht das Gebäude, sondern meinte die Sammlung der Zitrusgewächse an sich. So hatten die Medici, die »Leading family« der italienischen Renaissance, eine große Orangerie: In ihrer weitläufigen Gartenanlage sammelten sie die verschiedensten Orangen- und Zitronenbäumchen. Noch heute findet man in der Medici-Villa Castello bei Florenz eine üppige Sammlung kultivierter Zitruspflanzen. Es ist überliefert, dass die Medici ihr eigenes Schicksal unmittelbar mit dem Gedeihen der Zitruspflanzen in Zusammenhang brachten: Erst ging 1521 ein alter, lange gepflegter Zitronenbaum ein, kurz darauf starb Papst Leo X, ein überaus genusssüchtiger Papst aus ihren eigenen Reihen. Das konnte doch kein Zufall sein! Als die ersten Orangenbäume mühevoll über die Alpen transportiert wurden und Fürstenhäuser und reiche Bürger gleichermaßen begeisterten, pflanzte man sie zunächst an den sonnigsten Stellen im Garten aus. Im Herbst errichtete man um die Bäumchen Holzschuppen mit Fenstern, die zunächst nur isoliert, ab dem 16. Jahrhundert mit eisernen Öfen beheizt werden konnten. Wurde es wieder warm, konnten das Dach und die hölzernen Seiten leicht entfernt werden. Noch sprach man nicht von Orangerie, sondern von Pomeranzenhaus. Dieses Pomeranzenhaus hatte keinen Bezug zum architektonischen Gesamtbild und keinerlei repräsentative Funktion. Die Geburtsstunde der Orangerie schlug, als das Berliner Stadtschloss 1685 umgebaut wurde: Ein massives Gebäude mit hohen Fenstern in Richtung Süden wurde am Ende der Mittelachse, die quer durch den Lustgarten führte, errichtet. Plötzlich sprach man von Orangerie. Und ebenso plötzlich kam das Haus nicht länger zu den kostbaren Zitrusgewächsen, sondern die Zitrusgewächse zum Haus: Sie wurden nicht länger im Freien ausgepflanzt, sondern in Töpfen gezogen, die man in die Orangerie bringen konnte, wenn es empfindlich kühl wurde. Durch die verspielte, gewissermaßen luftige Lebenseinstellung des Barock erreichten die Orangerien als Aufenthaltsorte für Festlichkeiten den Status eines Lustschlösschens. Immer mehr dekorative Sorgfalt wurde auf die Gestaltung verwandt. Als es ab etwa Mitte des 18. Jahrhunderts weniger populär wurde, Zitrusgewächse zu sammeln, nutzte man die Orangerien als Winterquartier für andere empfindliche Pflanzen. Doch der Name Orangerie ist bis heute erhalten geblieben.

Blütenweißer Winter

Raureif ist die Mozartmusik
des Winters,
gespielt bei atemloser Stille
der Natur.

KARL FOERSTER

Silberkraut *Lobularia maritima*
Das Silberkraut liebt einen sonnigen
Standort und verträgt Temperaturen
bis zu – 17 Grad Celsius.

DIE FARBE DES *Winters*

Weiß ist die Farbe des Winters.

In einer einzigen frostigen Nacht werden späte Blüten und herbstliches Blattwerk der Vergänglichkeit übergeben. Der Gärtner hofft auf Schnee, denn der ist für Stauden und Büsche allemal besser als der kahle Frost: Schnee schafft Isolierung und schützt die Wurzeln. Ist der Garten dann unter einer Schneedecke verschwunden, bleibt wenig mehr als die nackte Struktur. Doch auch kahle Bäume und Sträucher, Immergrüne wie Buchs, Eibe und Liguster und die unberührten Flächen der Beete haben ihren wunderschönen, kühlen Reiz. Und sei es auch nur als Projektionsfläche, um sich vorzustellen, wie der Garten im nächsten Jahr aussehen, wie man gestalten könnte.

Ibis, Henne, LAMM und Stier

In den Weltreligionen begegnet uns die Farbe Weiß häufig: Die weiße Taube symbolisiert den Heiligen Geist, das weiße Lamm Jesus Christus, die weiße Madonnenlilie Marias unbefleckte Empfängnis. Im Judentum bedeutet Weiß heilige Helligkeit, und der Griechengott Zeus erschien Europa als weißer Stier. Er ist ein Kind der weißen Henne, sagten die alten Römer, wenn jemand durch besonders viel Glück im Leben auffiel. Im Buddhismus verkörpert Weiß die Reinheit der Lehre und vollkommene Befreiung jenseits von Zeit- und Raumgebundenheit. In Indien sind weiße Rinder die Verkörperung des Lichts, und in China gelten der weiße Reiher und der weiße Ibis als heilige Vögel der Unsterblichkeit.

Der Schnee findet sich im Garten auch in Blütennamen wieder: Schneeball, Schneebeere, Schneerose, Schneeglöckchen, Schneeglöckchenbaum, Schneeforsythie, Schneeflockenbaum, Schneemarbel und Schneeheide.

Ihre Namen verraten, in welcher Farbe diese Pflanzen blühen oder ihre Früchte leuchten – oder aber, zu welcher Jahreszeit sie ihren dekorativen Höhepunkt haben.

Der erste Schnee

Der weiße Schnee beflügelt mein Gehirn.
Die Tannen auch erscheinen schön besternt.
So seien nun die Sonnen und die dürrn
Oktoberzweige aus dem Blick entfernt.
Wenn dieses Glück uns auch nicht wärmer macht
und wenn vielleicht der Nebel trunken trieft,
wir haben – selig! – eine weiße Nacht.
O denkt, wie lang ihr nicht im Hellen schlieft ...

KLABUND

Weiß IM GARTEN

Nicht allein im Winter – für den Gärtner ist Weiß eine Farbe, die, je nach Standort und Gruppierung der Pflanzen, fröhlich strahlt oder geheimnisvoll schimmert. Weiß gerandetes Blattwerk wirkt elegant, hellgraues kann einen silber-

nen Zauber heraufbeschwören. Weiß ist ein heller Kontrast zu bunten Blühfarben und sehr reizvoll, wenn mit verschiedenen Pflanzen- und Blattformen gespielt wird, denen das Blasse gemeinsam ist. Weiße Blüten und silbrige Blätter bringen dunkle Ecken im Garten zum Leuchten und schaffen Lichtoasen im Schatten.

Poesie der Nacht

Es gibt so wunderweiße Nächte, drin alle Dinge Silber sind.

RAINER MARIA RILKE

Das berühmteste Beispiel eines weißen Gartens findet sich im südenglischen Sissinghurst Castle, das Zuhause der Autorin und leidenschaftlichen Gärtnerin Vita Sackville-West (1892 – 1962). 1930 kaufte sie es zusammen mit ihrem Mann Harold Nicholson und begann die verschiedenen Gartenräume zu entwerfen. Es heißt, sie hätte den Weißen Garten angelegt, um das Mondlicht durch die Blüten zu reflektieren, damit dieses ihr den Weg leuchtete. Vita Sackville-West schrieb nämlich in dem Doppelturm des Schlosses, von dem sie abends dann in das Familienhaus zurückkehrte. Die Anlage des Weißen Gartens 1949 war also nicht nur eine wunderschöne, sondern auch eine praktische Entscheidung. Vor dem Hintergrund der dunklen Buchs- und Eibenhecken, die den Weißen Garten gegen die anderen Gartenräume abgrenzen, heben sich große Gruppen silberblättriger und weiß blühender Pflanzen dramatisch ab. Im Mittelpunkt des Weißen Gartens steht ein Gerüst, über das sich die riesige weiße Ramblerrose *Rosa mulliganii* erstreckt, die mit Tausenden von Blüten Juni und Juli verzaubert. Mit ihren bis zu acht Meter langen Trieben, die mit schneeweißen Rispen voller einfacher Schalenblüten bedeckt sind, ist sie ein berauschender Anblick. Und wenn ihre Blüten zu Boden rieseln, glaubt man an einen Schneesturm mitten im Sommer.

Woher die Gartenschriftstellerin die Idee zu ihrem Weißen Garten hatte, ist nicht überliefert. Es wird vermutet, dass Vita Sackville-West von den weißen Gärten im Indien der Mogul-Zeit gelesen hatte, die ebenfalls angelegt worden waren, um im Mondschein zu schimmern. Als Vita Sackville-West am 2. Juni 1962 in ihrem Schlafzimmer starb, waren die Fenster zum Garten weit geöffnet. Kein Wunder, dass man sich dieser Schriftstellerin und leidenschaftlichen Gärtnerin ganz nah fühlt, wenn man durch Sissinghursts Weißen Garten streift.

EINGEFANGENES *Mondlicht*

Wer einen weißen Garten haben will, der tagsüber strahlt und nachts das Mondlicht einfängt, muss vor allem eins sein: konsequent. Die Beschränkung auf Weiß, Silbergrau und Grün erlaubt keine Toleranz gegenüber bunten Gartenvagabunden, sehen sie auch noch so hübsch aus. Zum Glück gibt es aber eine riesige Anzahl weiß blühender Stauden und grau- und silberblättriger Schönheiten, die es zu einer reizvollen Herausforderung machen, sich auf sie zu beschränken.

Besonders schön sehen diese Pflanzen vor einem dunklen Hintergrund aus, der ihre weiße Leuchtkraft verstärkt:

Bergflockenblume *Centaurea montana* 'Alba'
Tränendes Herz *Dicentra spectabilis* 'Alba'
Lupine *Lupinus albus*
Nachtviole *Hesperis matronalis* 'Alba'
Rittersporn *Delphinium belladonna* 'Casa Blanca'
Fingerhut *Digitalis purpurea* 'Snow Thimble'
Edeldistel *Eryngium planum* 'Blaukappe'
Storchschnabel *Geranium clarkei* 'Kashmir White'
Schönaster *Kalimeris incisa*
Katzenminze *Nepeta* x *faassenii*
Salbei *Salvia nemorosa* 'Schneehügel'
Wald-Geißbart *Aruncus dioicus*
Herbstanemone *Anemone-Japonica*-Hybride 'Wirbelwind'
Septemberkraut *Aster ericoides* 'Blue Star'
Lilie *Lilium* 'Casa Blanca'
Hoher Sommerphlox *Phlox paniculata*
Rosen *Rosa* 'Iceberg' und 'Schneewittchen'
Rambler-Rose *Rosa* 'Bobbie James'
Silberlaubige Edelraute *Artemisia*

DER GARTEN *im Winter*

Im Winter ist die Auswahl an Blühendem vergleichsweise gering. Ein Grund mehr, Winterblüher bei der Gartengestaltung einzuplanen. Der ideale Standort? Nahe dem Haus, um vom Warmen aus die Blüte betrachten zu können!

Das **Schneeglöckchen** *Galanthus* ist ein dem Winter trotzendes Zwiebelgewächs. Es wächst in Horsten im Halbschatten, gern auch unter Gehölzen. Gelegentlich sieht man bereits im Herbst die ersten spitzen Blätter. Sein Name setzt sich aus den griechischen Worten für »Milch« und »Blüte« zusammen. Gegen Kälte hat das Schneeglöckchen ein raffiniertes Bio-Rezept: Beim Wachsen erwärmt sich das Zwiebelgewächs und schmilzt so Eis und Schnee rund um die Stängel. Das Schneeglöckchen hat auch eine wissenschaftliche Funktion: In der Phänologie – der Wissenschaft, die den Jahresablauf nicht nach Kalenderdaten, sondern nach periodisch wiederkehrenden Entwicklungserscheinungen einteilt – läutet seine Erstblüte den Vorfrühling ein. Es gibt etwa neunzehn verschiedenen Arten in der Gattung *Galanthus*.

Ist ein Plätzchen an der schützenden Gartenmauer frei? Wenn ja, dann ist das perfekt für das **Frühlings-Alpenveilchen** *Cyclamen coum*. Dass man es trotz seiner Winzigkeit übersieht, ist unwahrscheinlich: In Rosa und Karminrot leuchten seine Blüten ab Januar aus dem Schnee hervor. Ursprünglich von der griechischen Insel Cos stammend, die ihm auch seinen Namen gab, ist es auch in der Türkei, dem Kaukasus, in Bulgarien und im Libanon zu finden – und in unseren Gärten, wenn man ihm einen humosen, nicht zu feuchten Platz anbietet. Hat es sich einmal etabliert, sät es sich im Garten bereitwillig aus. Da seine Samen wegen der leckeren Fruchtstände von hungrigen Ameisen verschleppt werden, vagabundiert es gelegentlich zu ungewöhnlichen Standorten und tupft die dunkle Jahreszeit in Pflasterritzen oder Baumstämmen rosarot.

Der **Winterling** *Eranthis hyemalis* ist ein Hahnenfußgewächs. Seine Blüte öffnet sich im Vorfrühling zu einem dottergelben Stern, selbst Schnee kann ihn davon nicht abhalten. Er hat eine schmucke grüne Halskrause und bildet, bei geeigneten Bedingungen, gelbe Sternenteppiche im Garten aus. Ursprünglich kommt der Winterling aus Südeuropa.

Bereits in der zweiten Hälfte des 16. Jahrhunderts wird er in Kräuterbüchern erwähnt: Ein Pflanzenliebhaber hatte ihn von einer Italienreise mitgebracht und ab 1588 in seinem Garten in Nürnberg kultiviert. Der Winterling duftet angenehm, *Eranthis cilicica* auffallend nach Honig. Streng genommen müsste er es nicht – jedenfalls nicht, um Insekten anzulocken: Die Winterlinge gehören zu den ersten frühen Bienen- und Hummelweiden des Jahres, die sehr beliebt sind, sobald das Thermometer auf 10 Grad klettert und die Bienen ausschwärmen.

Die Christrose

In der schweigenden Welt,
die der Winter umfangen hält,
hebt sie einsam ihr weißes Haupt;
selber geht sie dahin und schwindet
eh der Lenz kommt und sie findet,
aber sie hat ihn doch verkündet.

JOHANNES TROJAN

Die **Christ-** oder **Schneerose** *Helleborus niger*, die schon im November zu blühen beginnt, ist vielleicht der bekannteste Winterblüher. Sie hat rein- oder cremeweiße, rosafarbene oder grünliche glockenförmige Kelche. Warum dieser helle Lichtblick im Lateinischen den Beinamen *niger*, also »schwarz« trägt, ist erst verständlich, wenn man ihre unterirdischen Rhizome betrachtet: Sie sind schwarz. Die Christrose gehört zur Gattung Nieswurz. Die hat ihren Namen daher, dass das Pulver eines getrockneten und gemahlenen Wurzelstocks starken Niesreiz hervorruft. Deshalb wurde sie traditionell als Bestandteil von Niespulver genutzt. Kein ungefährlicher Spaß, denn alle Teile von *Helleborus* sind äußerst giftig! Der Name *Helleborus* kommt aus dem Griechischen und setzt sich zusammen aus *helein* – töten und *bora* – die Speise. Wohl bekomm's! Um die Christrose ranken sich viele Sagen und Geschichten. Weil sie zum Weihnachtsfest blüht, galt sie als heilig. Der Legende nach haben sich die Tränen von himmlischen Prinzessinnen auf der Erde in die Blütensterne der Christrosen verwandelt. Man dichtete ihr mächtige Heilkräfte an: Es ist überliefert, dass Schweinen früher als Vorbeugemaßnahme gegen die Schweinepest Christrosenblüten in die Ohren gesteckt wurden. Vermutlich hat es nicht viel geholfen – ganz sicher aber war es ein hübscher Anblick, wenn man den Schweinestall betrat!

Die **Schneeheide** *Erica carnea* ist ein Zwergstrauch, der bis zu dreißig Zentimeter groß wird. Sie stammt aus den Alpen und dem Alpenvorland, hat sich aber inzwischen einen Platz in vielen Flachland-Gärten erobert. Kein Wunder! Mit ihren weißen bis dunkelroten Blüten bietet sie zwischen Dezember bis Mai ein wunderschönes Blütenmeer. Durch ihre üppige Blüte ist sie, ebenso wie der Winterling, eine frühe Bienenweide. Die Schneeheide, die im Gegensatz zu anderen *Erica*-Arten Kalkböden bevorzugt, hat noch eine weitere Besonderheit: Sie lebt in Symbiose mit einem Wurzelpilz. Deshalb muss sie immer mit der Topferde, in der sie gekauft wurde, eingesetzt werden.

Der **Winter-Jasmin** *Jasminum nudiflorum* kommt ursprünglich aus China. Er erreicht eine Höhe von bis zu zwei Metern, mit Rankhilfen auch bis zu fünf Metern. Seine zarten gelben, nicht duftenden Blüten erscheinen vor dem Blattaustrieb, seine Blütezeit liegt zwischen Januar und April. Die kleinen gelben Sterne zeigen sich in einer Zeit, in der es sonst im Garten karg aussieht. In milden Wintern kann er bereits vor Weihnachten blühen. Er bevorzugt geschützte Stellen an Wänden oder Hängen und ist bei starken Frösten für Winterschutz dankbar.

Um 1935 kreuzte man in Bodnant, Nordwales, den Duftschneeball mit dem großblütigen Schneeball. Das Ergebnis ist der **Winter-Schneeball** *Viburnum bodnantense*, ein langsam wachsender Strauch, der bis zu knapp vier Meter hoch und zwei Meter breit werden kann. Bereits ab November erscheinen an seinen blattlosen Zweigen büschelweise zarte rosa Blüten. Wer einmal im Dezember den vanilleartigen Duft gerochen hat, wird dem olfaktorischen Zauber des Winter-Schneeballs verfallen sein und ihn nicht mehr missen wollen.

**Was ist an der Zaubernuss _Hamamelis_ so zauberhaft?
Magisch erscheint uns die Art und Weise, wie sich
die gelben, orangefarbenen, sogar weißen oder roten
Blütenblätter ab November auf- und wieder einrollen,
wie kräftig diese Büschel leuchten, wie zart sie duften.**

Die Heilkräfte der Zaubernuss sind nachgewiesen. Die stark adstringierende
Wirkung ihrer Rinde findet in der Medizin innerlich und äußerlich
Anwendung und wurde schon von Indianern genutzt: die Arten _Hamamelis
ovalis_, _virginiana_ und _vernalis_ stammen aus dem nordamerikanischen Raum,
Hamamelis japonica und _mollis_ aus Japan und China. Die Zaubernuss, deren
Zweige man auch als Wünschelruten nutzte, wird bis zu fünf Meter hoch und
bevorzugt leichte Böden. Allerdings braucht sie dafür viele Jahre und sollte
besser nicht geschnitten werden. Und noch ein weiterer Sinn außer Riechen
und Sehen wird durch sie angesprochen: das Hören. Die Nüsschen der reifen
Frucht öffnen sich mit einem Knacken und ihre schwarzen Samen werden bis
zu zehn Meter weit hinausgeschleudert.

Schön, duftend – UND TÖDLICH GIFTIG: der winterblühende
Seidelbast _Daphne mezereum_, der bis zu zwei Meter hoch wird. Seine roten,
rosa oder weißen Blüten erscheinen zwischen Februar und April. Der deutsche
Name muss auch Erich Kästner gefallen haben: Eines seiner frühen Pseudo-
nyme lautete »Philipp Seidelbast«, und in seinem Kinderbuch »Der 35. Mai«
tritt der »dicke Seidelbast« als amtierender Präsident des Schlaraffenlandes auf.
Hinter dem botanischen Namen des Seidelbasts dagegen verbirgt sich eine
Geschichte aus der griechischen Mythologie: Die Nymphe Daphne wurde von
Apollo verfolgt, bis ihr Vater sie in einen Lorbeerbaum verwandelte, um sie
vor dem liebestollen Gott zu schützen. Weil die Blätter mancher Seidelbast-
Arten denen des Lorbeers ähneln, hat Carl von Linné in seinem »Species
plantarum« von 1753 ihn als Daphne bezeichnet.

DER *Balkon* IM WINTER

Der Balkon im Winter ist ein schwieriges Thema. Einjährige Pflanzen, die sich dort einen Sommer lang als Dauerblüher bewährt haben, sind hinfällig. Viele Balkongärtner leeren deshalb bereits im Herbst die Kästen aus, um im Frühling oder Frühsommer mit einer neuen Bepflanzung durchzustarten. Was leere Kästen zur Folge hat. Muss das sein? Muss es nicht! Wer bei der Sommerbepflanzung des Balkons bereits an den Winter denkt, wird im Winter belohnt. Gräser und Schilfsorten sehen auch in der kalten Jahreszeit schön aus: Puschelige Ähren und zarte Halme schwanken filigran im Wind und wirken besonders nach einem Frosteinbruch wie mit Strass besetzt.

Auf dem Winterbalkon haben kleine immergrüne Gewächse ihren großen Auftritt:
Niedere Scheinbeere *Gaultheria procumbens*
Skimmie *Skimmia*
Torfmyrte *Gaultheria mucronata*
Strauchveronika *Hebe vernicosa*
Zwergkiefer *Pinus pumila*
Kleiner Wacholder *Juniperus*

Tipp: Werden Stauden nicht in Balkonkästen, sondern in große Töpfe gepflanzt, können diese mit Sackleinen eingeschlagen werden. Zum einen bewahrt man so die Stauden vor allergröbstem Frost, zum anderen sehen die verhüllten Töpfe, besonders wenn sie weihnachtlich mit roten Bändern geschmückt sind, sehr hübsch aus.

Sinkt jeder Tag
hinab in jeder Nacht,
so gibt's einen Brunnen,
der drunten die Helligkeit hält.
Man muss an den Rand
des Brunnendunkels hocken,
entsunkenes Licht zu angeln
mit Geduld.

PABLO NERUDA

Tipp: Kunst aus Eis – wie entsunkener Glanz wirkt dieses Windlicht. So wird's gemacht: Ein Plastikgefäß in einen kleinen Metalleimer setzen und mit einem Stein beschweren. Dann vorsichtig Wasser in den Zwischenraum füllen, Beeren, Zweige, hübsche Blätter oder Blüten einfüllen. Bei Minusgraden draußen stehen lassen, bis das Wasser gefroren ist. Den Eimer kurz antauen, den gesamten Eisblock herausnehmen, das Plastikgefäß lösen. Ein Teelicht hineinstellen, und fertig ist die märchenhafte Winterbeleuchtung!

Und aus der Schatulle der Eiskönigin scheint dieser Winterschmuck zu stammen: Wasser in ein flaches Gefäß füllen, Mond-, Stern- oder Tannenförmchen hineinlegen, aus Geschenkband Schlaufen formen und deren Enden in die Förmchen legen. Über Nacht ins Tiefkühlfach oder auf den frostigen Balkon, in den frostigen Garten stellen, dann vorsichtig mit etwas warmem Wasser lösen. Eine glitzernde Pracht im Immergrün – jedenfalls, solange es bei Minusgraden bleibt.

*Ein Gewächshaus neu zu bauen,
um die südlichen Gewächse, die zu
uns jetzt häufiger wallfahrten, zu
überwintern und dergleichen mehr,
erregt meine sinnliche Aufmerksamkeit.*

JOHANN WOLFGANG
VON GOETHE

WINTERGARTEN – *Der Garten* IM *Haus*

Zwar muss vor der Macht des Winters die weiße Fahne gehisst werden: Kapitulation vor Schnee und Eis! Aber das heißt noch lange nicht, dass die Gärtnerleidenschaft in den Winterschlaf fällt. Warum sich nicht einen immerblühenden Garten ins Zimmer holen?

Am Tag der heiligen Barbara, dem 4. Dezember, werden Kirschzweige geschnitten und ins Warme geholt: die Barbarazweige. Möglich sind auch Apfel-, Kastanien-, Birken-, Pflaumen-, Spier- oder Forsythienzweige. Gehen die Blüten bis zum Weihnachtsfest auf, so wird es ein glückliches nächstes Jahr, so heißt es in einem alten Orakelbrauch. Auch als Liebesorakel dienen die Blüten. Wer auf Nummer sicher gehen will, forciert das Glück mit einem Trick. Die Zweige blühen erst, wenn es zuvor gefroren hat. Hat es das bis zum 4. Dezember nicht getan, legt man sie nach dem Schneiden kurz ins Tiefkühlfach.

Die **Tazette** *Narzissus tazetta* ist die kleinere, deutlich früher blühende Verwandte der Osterglocke. In den Mittelmeerländern wächst sie wild. Sie blüht bereits ab Dezember, weshalb sie bei uns auch Weihnachts-Tazette genannt wird. Die Tazette hat pro Stiel mehrere Blüten, ist aber, anders als die größeren Frühlingsblüher ihrer Art, nicht winterhart. Deshalb gehört die zarte Schönheit nach drinnen, wo sie auf dem Fensterbrett ihren angenehmen Duft verströmt und uns den Winter verschönt.

Das Zwiebelgewächs **Ritterstern** *Hippeastrum*, oft auch als Amaryllis bezeichnet, wird ab November im Handel angeboten. Seine opulenten Blüten in Weiß, Rosa- und Rottönen und sogar gestreift sitzen an einem langen Stiel und sind vollständig geöffnet, bevor die riemenförmigen Blätter zu wachsen beginnen. Für Temperaturen zwischen fünfzehn und zwanzig Grad an einem hellen, nicht zu sonnigen Platz revanchiert er sich mit einer langen Blühphase. Seine Vegetationsphasen sind seinem ursprünglichen Vorkommen angepasst. Er stammt aus tropischen und subtropischen Gebieten Südamerikas, in denen sich feuchte Regen- und heiße Trockenzeiten ablösen: Im Winter blüht er, im Frühjahr und Sommer wächst er, im Herbst ruht er. Streng genommen ist die Bezeichnung Amaryllis für den Ritterstern nicht richtig. Sie beruht darauf, dass Carl von Linné die Amaryllis-Pflanzen als Großgattung zusammenfasste. Anfang des 20. Jahrhundert wurde diese Gattung aufgespalten. Seitdem sind der Ritterstern aus Südamerika und die **Belladonnalilie** *Amaryllis*, die ursprünglich aus den kapnahen Regionen Afrikas stammt, zwei verschiedene Gattungen. Aber egal, wie man ihn nennt: Alle Jahre wieder lockt die Amaryllis, Pardon!, der Ritterstern mit zauberhafter Winterblüte.

In jedem Winter steckt ein zitternder Frühling, und hinter dem Schleier jeder Nacht verbirgt sich ein lächelnder Morgen.

KHALIL GIBRAN

Was bleibt

Irgendwann wird der Winter vorbei sein.
Doch bis es so weit ist, bleibt einem nichts übrig, als in Garten-
katalogen zu blättern, sich von verlockenden Fotos inspirieren
zu lassen und vom Neubeginn des Gartenjahrs zu träumen. Gärtner
wissen es, und die Pflanzen unter der Schneedecke wissen es auch.

STUFEN

Wie jede Blüte welkt

und jede Jugend dem Alter weicht,

blüht jede Lebensstufe,

blüht jede Weisheit auch und jede Tugend

zu ihrer Zeit und darf nicht ewig dauern.

Es muss das Herz bei jedem Lebensrufe

bereit zum Abschied sein und Neubeginne,

um sich in Tapferkeit und ohne Trauern

in andre, neue Bindungen zu geben.

Und jedem Anfang wohnt ein Zauber inne,

der uns beschützt und der uns hilft zu leben …

HERMANN HESSE